KB185330

지 도 로
읽 는 다

세계
5대종교
지식도감

ZUKAI "SHUUKYOUCHIZU" DE OMOSHIROI HODO SEKAI GA WAKARU

Copyright ⓒ Life Science

Korean translation rights arranged with Mikasa-Shobo Publishers Co., Ltd., Tokyo

through Japan UNI Agency, Inc., Tokyo and Korea Copyright Center Inc., Seoul

이 책은 (주)한국저작권센터(KCC)를 통한 저작권자와의 독점계약으로 이다미디어에서 출간되었습니다.

저작권법에 의해 한국 내에서 보호를 받는 저작물이므로 무단전재와 복제를 금합니다.

지 도 로
읽 는 다

세계
5대종교
지식도감

라이프사이언스 지음 · 노경아 옮김

이다미디어

5대 종교의 역사와 뉴스를
종교지도로 한눈에 읽는다!

세계의 정치, 경제, 문화 등 다양한 분야의 문제와 분쟁 뒤에는 대개 '종교'가 개입되어 있다. 종교는 개인의 구원 차원에만 머무는 것이 아니라 지역, 국가, 나아가 세계의 여러 문제와 깊이 연결되어 있다. 사랑과 평화를 내세우는 종교에 전쟁과 테러의 깃발이 나부끼는 것은 부인할 수 없는 세계의 현실이다.

인류의 역사는 종교의 역사라고 해도 과언이 아니다. 우리가 종교를 이해한다는 것은 바로 세상을 이해하는 일이다. 인류 문명의 출발은 종교에서 비롯되었고, 또한 생과 사를 관장하는 종교를 빼놓고 세상사의 본질을 꿰뚫기는 힘들기 때문이다.

이 책은 세계를 움직이는 5대 종교의 창시자와 교리를 비롯해, 꼭 알아야 할 종교의 기본 상식과 유익한 정보를 상세하게 소개하고 있다. 최근 세계 곳곳에서 빈발하는 종교 분쟁의 뿌리와 의미를 살

종교(토머스 제퍼슨 빌딩의 '가족과 교육 시리즈' 벽화 일부), 1896년, Charles Sprague Pearce, 미국 의회도서관

펴보는 동안 종교에 대한 지식을 얻을 수 있을 뿐 아니라 국제 문제에 대한 관심도와 이해도를 키울 수가 있다.

그래서 이 책은 종교의 역사뿐만 아니라 국제 분쟁의 배경을 전하는 종교 뉴스도 입체적으로 조망한다. 종교와 관련된 세계의 이슈를 폭넓게 다루면서 지구촌 뉴스에 등장하는 주요 인물과 사건에 관련된 종교적인 배경도 상세하게 설명한다.

물론 살아 있는 종교 이야기를 통해 변화무쌍한 세상사의 흐름과 주변의 이슈를 한눈에 꿰뚫을 수 있을 것으로 본다. 한편 이 책에서 다루는 5대 종교와 관련한 흥미진진한 역사와 간추린 중요한 테마는 다음과 같다.

- 47대 미국 대통령 중 43명이 개신교도인 이유는?
- '이슬람 원리주의'가 과격파로 변신하는 이유는?
- 유대인은 어떻게 세계의 정치, 경제, 문화를 지배하는가?
- 성지 예루살렘을 둘러싸고 벌어지는 3대 종교의 각축전

종교를 이용하는 정치 세력이 있는 한
종교 분쟁은 끊이지 않을 것이다

이 책은 세계 5대 종교의 발상지와 발전 과정, 그리고 종교 분쟁까지 종교의 모든 것을 입체적인 컬러 지도를 통해 한눈에 볼 수 있다. 그리고 종교와 관련된 세계의 이슈도 도표로 일목요연하게 정리해 놓았다. 교양으로 알아야 할 5대 종교의 과거, 현재, 미래를 풍부한 지도와 도표를 활용해 독자들의 이해를 돕고 있다.

이 책의 종교지도는 독자들에게 읽는 재미와 함께 보는 재미를 제공한다. 지도와 텍스트, 그리고 도판을 한 장의 지도에 합성해 시각적인 완성도를 높였기 때문이다. 그래서 독자들은 한 장의 지도를 통해 세계 종교의 역사와 뉴스를 한눈에 파악할 수 있을 것이다.

고대 로마와 비잔틴 제국에서 중세 유럽을 거쳐 현대 사회에 이르기까지 정치와 종교는 신정의 분리 원칙에도 불구하고 밀접한 관계를 유지하고 있다. 예를 들어 이슬람교의 교파별 세력 지도를 보면 시아파 세력이 중동에 몰려 있는 것을 분명히 볼 수 있다. 그들의 세력도를 보자면, 시아파 세력이 마치 여러 나라에 발을 딛고

'시아파 아치'를 형성함으로써 수니파를 포위하는 형국이다.

물론 현재 전 세계 이슬람교도의 90%를 수니파가 차지하기에 시아파는 아무 힘이 없는 소수 세력으로 간과할 수 있지만, 지금 중동 정세만 보더라도 그렇게 쉽게 판단할 일은 아니다. 시아파의 종주국을 자처하는 이란이 군사 지원을 하는 팔레스타인의 하마스, 레바논의 헤즈볼라, 예멘의 후티 반군 등 무장 세력이 중동 분쟁의 핵으로 자리 잡았다. 그동안 애써 무시해 왔던 시아파 아치가 더 확대될지도 모르고, 혹여라도 확대되면 세계의 정세에도 많은 영향을 미칠 것이다.

2000년 이후의 세계 정세는 종교를 빼놓고 이야기할 수 없다. 미국의 9.11 테러 이후 전 세계적으로 종교 갈등을 배경으로 하는 테러가 확산하고 있기 때문이다. 종교에 대한 지식이 있느냐 없느냐에 따라 IS의 테러, 중동의 민주화 운동, 3대 일신교의 분쟁 등 국제 정세에 대한 이해도도 크게 차이가 날 것이다.

현재 치열한 전투를 벌이고 있는 이스라엘과 하마스의 전쟁도 그 발단은 종교 분쟁이지 않은가? 여기에 이란이 참전하면서 국제 분쟁으로 확대일로를 걷는 중이다. 통합과 평화를 지향하는 종교를 분쟁의 도구로 이용하는 정치 세력이 있는 한 종교 분쟁은 끊이지 않을 것이다. 이 책을 통해 종교가 인간과 세상을 어떻게 연결하는지 살펴보는 것도 흥미로운 일이 될 것이다.

라이프사이언스

《 1장 》

5대 종교지도로
종교의 역사를 읽는다

《 5장 》

5대 종교지도로
종교 지식을 읽는다

1장

5대 종교지도로
종교의 역사를
읽는다

종교에는 유일신을 숭배하는 '일신교'와 여러 신을 숭배하는 '다신교'가 있다. 또한 유대교와 기독교, 이슬람교는 일신교로, 힌두교와 불교는 다신교로 분류한다. 그런데 종교가 탄생한 지역의 기후와 풍토에 따라 일신교 또는 다신교로 발전했다는 설도 있다.
지도를 보면 비가 적은 중동의 건조한 사막 지역에서는 일신교가, 비가 많이 내리는 인도 동쪽의 온난 다습한 농경 지역에서는 다신교가 탄생했음을 알 수 있다.

종교의 발상지를 보면
종교의 특징을 알 수 있다

건조한 사막 지역에서는 일신교가,
온난 다습한 지역에서 다신교가 탄생

　지도에는 세계의 여러 종교를 이해하는 데 중요하면서도 흥미로운 단서가 많이 숨어 있다. 예를 들면 종교는 탄생한 지역의 지리적 환경에 따라 종교적 특성이 달라진다는 것이다.

　종교에는 유일신을 숭배하는 '일신교'와 여러 신을 숭배하는 '다신교'가 있다. 또한 유대교와 기독교, 이슬람교는 일신교로, 힌두교와 불교는 다신교로 분류한다. 그런데 종교가 탄생한 지역의 기후와 풍토에 따라 일신교 또는 다신교로 발전했다고 설도 있다.

　지도를 보면 비가 적은 중동의 건조한 사막 지역에서는 일신교

세계 5대 종교의 발상지와 기후의 관계

세계 인구 80억 4,500만 명 중에서 종교 인구는 72억 2,500만 명으로 약 90%를 차지하고 있다.
이 중에서 기독교인은 26억 3,100만 명이 넘으며, 무슬림이 그 뒤를 바짝 추격하고 있다.

✝ 기독교
(一神敎)

유럽

아시아

아프리카

인도양

0°

불교
(多神敎)

태평양

✡ 유대교
(一神敎)

☪ 이슬람교
(一神敎)

🕉 힌두교
(多神敎)

오세아니아

■ 한대 기후   ■ 냉대 기후   ■ 온대 기후   ■ 사막 기후   ■ 열대 기후   ■ 고산 기후

✝☪✡ 일신교

오직 하나의 신만이 존재한다는 종교이다. 인간은 신을 따라야
한다는 논리로 유대교, 기독교, 이슬람교와 같은 아브라함 계통의
종교가 대표적이다. 척박한 환경의 사막 지역에서 탄생했다.

☸🕉 다신교

하나 이상의 신들을 인정하고 숭배하는 종교이다. 신은 영원히 살 뿐
인간과 다르지 않다는 논리로 고대 그리스, 로마의 종교, 불교, 힌두교가
다신교이다. 풍요로운 자연으로 둘러싸인 지역에서 탄생했다.

가, 비가 많이 내리는 인도 동쪽의 온난 다습한 농경 지역에서는 다신교가 탄생했음을 알 수 있다. 그렇다면 대체 왜 건조한 지역에서는 일신교가, 온난하고 다습한 지역에서는 다신교가 생겨났을까?

사막은 사람이 평안하게 살아가기에는 매우 척박한 환경이다. 기온이 매우 높고 건조한 데다 물을 구하기도 어려워, 일단 살아남으려면 하나로 똘똘 뭉쳐 혹독한 자연과 싸워야만 하기 때문이다. 그래서 강력한 지도자가 필요했고, 그렇게 집단생활을 하는 과정에서 자연스럽게 유일신 신앙이 싹튼 것으로 보인다.

한편 온난 다습한 지역에서는 자연환경의 혜택으로 인해 적은 수의 사람만 모여도 지역 단위로 자립해서 살 수가 있다. 오로지 생존하기 위해 하나의 신을 받들며 일치단결할 필요가 없는 것이다. 그래서 집단마다 다른 신을 믿는 다신교가 생겨났다는 설이 유력하다.

종교의 기원과 역사를 알면
세계 정세가 보인다

물론 세계 전역으로 확산해 자리 잡은 5대 종교는 지리적인 환경과 국경을 초월해 세계인의 종교가 되었기 때문에 이제 더 이상 발상지의 영향을 거의 받지 않는다. 그러나 종교의 뿌리를 더듬어 올라가다 보면, 모든 종교가 지리적인 특징 및 환경과 밀접한 관계를 맺으며 탄생하고 더욱 발전해 온 사실을 알 수 있다.

물론 기독교는 일신교이지만 그중 일부 교파는 유일신 외에 성모 마리아를 비롯한 성인과 성자를 숭배하기도 한다. 또한 이슬람교의 발상지는 일반적으로 사막을 지칭하기도 하지만, 사막 속의 오아시스 지역이라는 주장도 있다.

이처럼 각 종교의 탄생과 교리의 해석에는 민족별, 지역별, 종파별 차이가 엄연히 존재한다. 각 종교를 이해하기 위해서는 발상지의 지역적 특성, 지리적 환경, 구성원 성격 등을 고려해서 살펴보아야 한다. 각 종교의 기원과 역사를 알아야 현재 벌어지는 종교적 분쟁이나 정치적 대립, 그리고 뿌리 깊은 문화적 차이를 이해하는 데 도움이 될 것이다.

인간을 구하고 세상을 바꾼
위대한 종교의 창시자들

기독교 – '신의 아들' 예수는
인간을 구원한 메시아였다

    세계 5대 종교 중 힌두교를 제외한 4개 종교는 각각의 종교를 창시한 교조가 있다. 잘 알려진 대로 기독교의 교조는 예수 그리스도이다. 예수가 수많은 기적을 일으킨 이야기는 누구나 한 번쯤 들어보았겠지만, 여기서 그 생애를 한 번 더 살펴보자.

    예수는 기원전 2~4년(추정 연도)에 베들레헴(현재 팔레스타인 요르단강 서안 지역)에서 태어난 유대인이다. 당시 로마제국의 압제에 시달리던 유대인들은 '곧 우리를 해방시킬 구세주(메시아)가 나타날 것'이라는 유대교의 예언을 믿고 있었다. 그런 시대에 예수는 스스

예수의 탄생, 1473~1475년, Sandro Botticelli, 캔버스로 옮긴 프레스코화, 컬럼비아미
술관

로 구세주임을 깨닫고, 30세 무렵부터 유대인들에게 신의 말씀을
전했다.

　어머니인 마리아는 성 요셉과 결혼 전에 성모영보(聖母領報, '성령
으로 아이를 잉태할 것'이라는 가브리엘 천사의 계시)를 받고 예수를 낳

았다고 한다. 예수는 이렇게 신비한 출생 이야기를 가진 인물인 만큼, 신의 말씀을 전하는 동안 수많은 기적을 일으켰다. 어떤 결혼식에서는 항아리에 가득한 물을 포도주로 바꾸었고, 또 다른 곳에서는 '오병이어(五餠二魚)'라는 말처럼 떡 다섯 개와 물고기 두 마리로 5,000명을 배불리 먹였다고도 한다. 그 외에도 폭풍을 잠재우고, 물 위를 걷고, 병을 고치는 등 예수가 행한 수많은 기적은 《성서》에 모두 기록되어 있다.

예수는 많은 기적을 일으켜 사람들의 마음을 사로잡으며 추앙을 받았던, 그 시대의 슈퍼스타였다. 하지만 슈퍼스타였던 예수를 계속 두고 보지 못한 사람들도 있었다.

당시 유대교 지도자들은 기존 유대교의 율법을 새로운 시각으로 해석하고, 사랑과 용서를 강조했던 예수의 가르침을 자신들의 권위에 대한 도전으로 받아들였기 때문이다. 또한 예수가 예루살렘 성전에서 상인들과 환전상들을 쫓아내며 성전을 정화하는 사건을 일으키자, 유대교 지도자들은 예수를 더욱 미워했다.

결국 유대교 지도자들은 예수를 로마제국에 대한 반역죄로 고발했고, 예수는 예루살렘에서 십자가에 못 박혀 처형되고 말았다. 십자가 처형을 당한 예수가 사흘 후에 부활한 모습으로 사람들 앞에 다시 나타나 스스로 메시아이자 신의 아들임을 증명했다. 그래서 당시 사람들은 부활한 예수를 '신의 아들'로 믿고, 그의 가르침을 따르기 위해 탄생한 종교가 기독교이다.

이슬람교 – 무슬림은 무함마드를
왜 '예언자'라고 할까?

중동의 아라비아반도에는 기독교 신자들과 유대인들이 곳곳에 흩어져 살고 있었다. 그러나 이들의 영향으로 유일신 사상이 아라비아반도에 전해졌지만, 사막에서 거주하는 아랍인 대부분은 다신교 신앙을 가지고 살고 있었다. 그래서 당시의 카바 신전에 360개의 우상이 있었으며, 이슬람의 알라신도 카바 신전에서 모시던 많은 신 가운데 하나였다.

이런 상황에서 기독교 탄생 600년 이후에 성립된 이슬람교를 창시한 교조가 바로 무함마드이다. 무함마드는 어린 나이에 이미 카바 신전에서 숭배하는 검은 돌이 신적인 존재인지에 대한 의문을 가질 만큼 비범했다고 전해진다.

그는 서기 570년경 쿠라이시 부족의 하심 가문 출신으로 메카에서 태어났다. 당시 메카는 다신교의 종교 도시였는데, 교역의 중심지인 상업 도시이기도 했다.

이 메카라는 도시의 지배층이 바로 무함마드가 속한 쿠라이시 부족이었다. 이들은 아랍인들 중에서도 최고 명문가로 유명했고, 또 상인 출신의 부자들이 많았다.

이런 명문가의 유복자로 태어난 무함마드는 6세 때 어머니가 죽은 후에는 할아버지의 보살핌을 받고 자랐다. 그러면서 낙타 무리와 함께 다니며 교역하는 대상(隊商)을 이끄는 삼촌을 따라다녔다.

천사 가브리엘로부터 첫 계시를 받는 무함마드, 1306~1315년, Rashīd u'd-Dīn, 에든
버러대학교 도서관

그러다가 삼촌의 소개로 25세 때 부유한 상인의 미망인이자 15세
연상인 카디자(40세)와 결혼한 후에 상인으로 크게 성공했다.

그녀와의 결혼은 무함마드에게 부와 명예를 안겨 주었다. 무함마
드는 생활이 여유로워진 이후, 갑자기 히라 동굴(Ghar Hira)에 틀어
박혀 명상에 빠지는 일이 많았다. 그러다가 40대가 된 610년경, 무
함마드는 "신의 말씀을 내려줄 테니 그것을 사람들에게 전파하라"

라는 가브리엘 천사가 전한 알라의 계시를 듣고 이슬람교의 창시자가 되었다.

무함마드는 처음에 알라의 계시를 받고 매우 놀랐지만, 그 일을 계기로 신의 말씀을 전파하는 최고이자 최후의 예언자가 되었고, 천사들이 차례차례 들려준 알라의 말씀을 사람들에게 널리 전하기 시작했다. 그 내용을 기록한 것이 바로 이슬람교의 경전인 《코란》이다.

620년경, 무함마드는 가브리엘 천사에게 이끌려 하룻밤 사이에 예루살렘으로 가서, 그곳 알 아크사(Al-Aqsa) 신전 북쪽의 바위(아브라함이 아들을 바친 곳이자 무함마드가 승천한 곳으로 유대교, 기독교, 이슬람교의 공통 성지이다)를 딛고 하늘에 올랐다는 게 바로 '승천 전설(미라즈)'이다.

무함마드는 승천한 후에 아브라함, 모세, 예수 등 예언자를 만나고 신(알라)에게까지 이르렀다고 한다. 나중에 예루살렘이 이슬람교의 성지가 된 것도 그 때문이다. 현재는 이 바위 위에 이슬람교의 모스크인 바위의 돔(Dome of the Rock) 사원이 세워져 있다.

예언자 무함마드는 포교 초기에 쿠라이시 부족의 종교적 박해를 피해 메카를 떠났다. 622년 7월 16일, 무함마드는 자신을 따르는 무슬림과 함께 메디나로 이주했다. 이를 '헤지라'로 부르고, 이슬람 국가의 태동과 역사의 출발점으로 본다.

불교 - 중생을 구제하기 위해
'깨달은 자' 붓다가 되었다

　왕의 아들로 태어나 중생을 구제하기 위해 자신을 바친 붓다(석가모니)는 다른 종교의 교주들과 달리 어떤(?) 신의 계시를 받지 않고, 자신의 깨달음으로 신과 같은 존재가 되어 불교의 교조가 되었다.

　석가는 원래 이름이 고타마 싯다르타인데, 기원전 6세기 무렵 샤카족(현재 인도와 네팔의 국경 부근에 살던 민족)의 샤카공화국 왕자로 태어났다(석가는 샤카(샤키야, Sa-kya)라는 민족의 한자 음역이고, 모니(muni)는 성인을 뜻한다. 또 부처(佛陀)는 깨달은 자를 뜻하는 산스크리트어 붓다(Buddha)의 음역이다).

　붓다는 태어나자마자 사방으로 일곱 걸음을 걸었다고 하는데, 옮기는 걸음마다 연꽃이 피어올랐다고 한다. 또한 오른손으로 하늘을 왼손으로는 땅을 가리키면서, "천상천하 유아독존 삼계개고 아당안지(天上天下 唯我獨尊 三界皆苦 我當安之)"라고 외쳤다는 것이다.

　이 말은 "하늘 위나 하늘 아래나 오로지 나만 홀로 존귀하다. 삼계(욕계, 색계, 무색계)가 모두 고통이므로 내가 모두를 편안하게 하리라"라는 뜻이다. 즉 인간의 고귀함을 알리고, 스스로 고통받는 인간을 구하겠다는 의지를 표현한 것이다.

　석가는 어릴 때부터 명상을 많이 했는데, 어느 날 왕궁 밖 사람들의 삶에 큰 충격을 받고 본격적으로 인간의 고통과 인생의 무상함에 관심을 가지고 접근했다. 한편 자신은 결혼하고 두 아이의 아버

석가가 깨달음을 얻은 부다가야에 있는 마하보디 대탑, 2007년, © Bpilgrim, 마하보디
사원

지로 3개의 궁전을 오가며 매우 풍요롭게 살았다.

하지만 생로병사와 윤회를 되풀이하는 인간의 고통을 구제하기 위해 29세 때 모든 것을 버리고 수행을 시작한다. 그는 전란에 시달리거나 굶어 죽는 사람이 숱한 현실을 보며 '인간이 어떻게 해야 생의 고뇌를 극복할까?', 하는 깊은 고민에 빠졌다.

석가는 출가한 뒤 6년 동안이나 브라만(婆羅門, '힘'을 의미하는 산스크리트어인 브라마나(bra-hmana) 또는 브라만(brahman)을 한자로 음역한 것으로, 브라만교는 고대 인도의 종교였다) 승려의 가르침대로 수행자의 수행법이나 고행을 따라 했다. 그러나 깨달음을 전혀 얻지 못했다.

그러다가 석가는 부다가야의 보리수 밑에서 좌선을 시작하면서 선정(禪定, 한마음으로 사물을 생각하여 마음이 흐트러짐 없이 하나의 경지에 도달하는 것)을 수행해, 35세에 완전한 깨달음을 성취하고 붓다(Buddha, 佛陀)가 되었다. 이후 인도의 여러 지방을 돌아다니며, 하루도 쉬지 않고 포교와 교화에 힘썼고 불교의 기초를 다졌다.

붓다는 생로병사의 고통을 벗어나지 못하는 중생을 교화하고, 또 스스로 깨달음을 얻어 생과 사를 초월한 열반의 세계에 이르도록 제도하였다. 붓다의 위대함은 인간이 안고 있는 고통의 근본 원인을 진단하면서 해결책을 제시한다는 데 있다. 그의 가르침을 후대 사람들이 기록으로 남긴 것이 바로 불경이다.

45년 동안 불법을 설파하고 교단을 일으킨 붓다는 쿠시나가라에서 80세 나이로 열반에 들어 진정한 성인이 되었다.

유대교 - 모세가 시나이산에서 받은
야훼의 '십계'는 무슨 내용인가?

유대교는 천지 만물의 창조자인 유일신(야훼)을 믿으며 자신들이 스스로 신의 선민(選民)임을 자처하는 유대인의 종교이다. 또한 유대교는 기독교, 이슬람교와 함께 일신교의 3대 종교로 꼽힌다. 그런데 그 원형이 지금으로부터 수천 년 전에 이미 존재했다고 하니, 기독교와 이슬람교보다 역사가 훨씬 오래된 셈이다.

기원전 2000년대 전반, 메소포타미아에서 가나안으로 이주하려던 아브라함에게 신이 나타나 후손의 번영을 약속한다. 아브라함은 유대인의 시조인 동시에 이슬람교에서도 아랍인의 시조로 여기는 인물이다. 그리고 약 500년 후인 기원전 13세기경(추정) 유대교의 교조인 모세가 등장한다. 가나안에서 이집트로 이주한 유대인들은 당시 이집트의 노예로 살고 있었다.

그런 중에 이집트 파라오의 딸이 나일강에서 건져내서 길렀다는 모세(히브리어로 '건져냄'이라는 뜻)는 왕궁에서 자랐는데, 그때 히브리족(유대인) 노예들이 학대받는 것을 보고 큰 충격을 받고 괴로워했다. 따라서 모세는 40세 때 이집트에서 미디안 땅으로 도망가 그곳에서 유목민 미디안족의 사제 딸과 결혼해서 두 아들을 얻었다.

모세는 80세가 되던 해에 호렙산의 불타는 떨기나무(아카시아 종류의 가시나무) 속에서 유대 민족을 해방하라는 야훼의 음성을 듣고 이집트로 돌아와 형 아론과 함께 이집트 파라오와 맹렬한 전쟁을

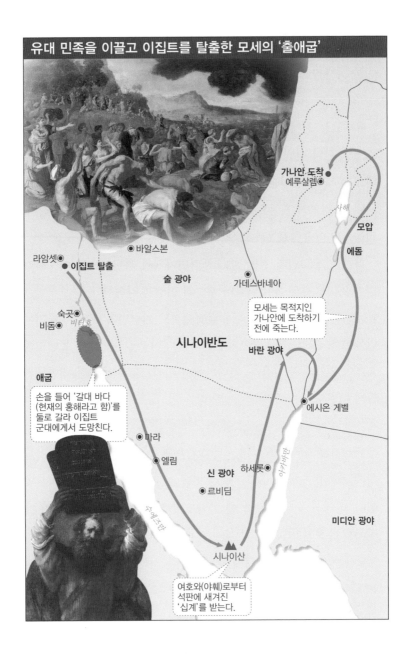

유대 민족을 이끌고 이집트를 탈출한 모세의 '출애굽'

가나안 도착
예루살렘◉

사해

모압

에돔

라암셋◉ ◉ 이집트 탈출

바알스본◉

술 광야

가데스바네아◉

모세는 목적지인 가나안에 도착하기 전에 죽는다.

숙곳◉
비돔◉ 비타흐

시나이반도

바란 광야

애굽

손을 들어 '갈대 바다 (현재의 홍해라고 함)'를 둘로 갈라 이집트 군대에게서 도망친다.

에시온 게벨

◉마라

◉엘림

신 광야

하세롯

◉르비딤

미디안 광야

수에즈만

시나이산

여호와(야훼)로부터 석판에 새겨진 '십계'를 받는다.

모세의 발견, 1904년, 로렌스 알마 다테마, 프라이빗 컬렉션

벌인다.

그리고 유대인을 인도하여 이집트에서 탈출하는 데 성공한다(기원전 1200년, 출애굽기 Exodus). 유대인들은 탈출 후에도 이집트 군대에 쫓기는 생활을 했지만, 모세가 홍해 바다를 갈라 길을 만든 덕분에 자유를 얻는다.

그 후 모세는 시나이산(Sinai, 히브리어로 '가시나무 무성한 곳'이란 뜻이며, 가시나무가 많아서 붙여졌다)에서 야훼가 유대 민족에게 내린 '십계'를 받는다. 돌판에 새겨진 이 십계가 현재의 유대교의 교리를 형성하는 토대가 되었다.

오늘날까지도 유대교도와 기독교도들이 지키는 십계명은 '① 나

모세와 십계명(RMCC s13), 1600~1624년, © 네덜란드 카타리지네콘벤트 국립박물관

이외 다른 신을 섬기지 말라 ② 우상을 섬기지 말라 ③ 내 이름을
망령되게 부르지 말라 ④ 안식일을 지켜라 ⑤ 부모를 공경하라 ⑥
살인하지 말라 ⑦ 간음하지 말라 ⑧ 도둑질하지 말라 ⑨ 거짓말을

하지 말라 ⑩ 남의 재물을 탐내지 말라' 등이다.

유대 민족을 이끌고 이집트에서 탈출해 40년 동안 황야 생활을 했던 모세는 약속의 땅 가나안을 바라보며 느보산에서 120세에 삶을 마쳤다. 이후 그의 후계자인 여호수아가 유대 민족을 이끌고 약속의 땅 가나안으로 들어가게 된다.

힌두교 – 고대 인도의 브라만교를 모태로 성립한 교조 없는 다신교

힌두교는 인도 신화를 기반으로 형성된 인도 계통 다신교로, 기독교 및 이슬람교와 달리 교조가 없다. 기원전 1200년경 고대 인도인들이 믿던 브라만교를 모태로 하여 오랜 세월에 걸쳐 성립된 종교이기 때문이다. 힌두교의 '힌두(Hindu)'는 인더스강의 산스크리트 명칭인 '신두(Sindhu, 大河)에서 유래한 것으로, 국명 인도와 같은 어원이어서 '인도교'라고도 한다.

브라만교는 중앙아시아에서 북인도로 침입해 인도 대륙을 정복한 아리아(Arya)인들이 들여온 것으로, 복잡한 제사 의식을 통해 현세의 소원을 성취하고 사후에는 극락에 이르게 한다는 인도의 종교이다. 나중에 브라만교의 신분 제도인 바르나, 즉 브라만(사제), 크샤트리아(왕족, 무사), 바이샤(서민, 상인), 수드라(노예)의 네 계급이 정착되었다가 이후 카스트 제도로 이어지면서 브라만 계급을 중심으로 성립된 종교라고도 알려져 있다.

10세기 인도네시아 자바에 건설된 프람바난 힌두교 사원 단지, 시바신에게 봉헌된 사원으로, 앙코르와트 다음으로 크다. 1991년부터 세계문화유산에 등재되어 있다.

힌두교의 기본 경전은 《베다》와 《우파니샤드》이며, 그 외에도 《브라마나》, 《수트라》 등의 경전이 있으며, 모두 인도의 종교적·사회적 이념의 원천이 되고 있다. 특이한 점은 평생 배우고 수도하는 생활을 하도록 하는 인도의 전통적인 생활 방식이 들어가 있다는 점이다.

브라만교는 기원전 5세기 무렵 다른 종교들이 융성함에 따라 한 때 쇠퇴했으나 인도의 민간 신앙, 풍습과 융합해 4~5세기 무렵 힌두교로 재편되었다. 힌두교는 인도를 비롯한 남아시아에서 널리 믿는 종교이자 인도의 민족종교 및 최대 종교로 기독교와 이슬람교 다음으로 세계에서 세 번째로 신도 수가 많다.

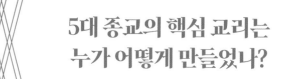

5대 종교의 핵심 교리는
누가 어떻게 만들었나?

기독교 – 절대적인 '신의 사랑'이
세상의 모든 인류를 구원한다

'보답을 바라지 말고 모든 사람에게 사랑을 베풀라', '아침저녁으로 이 말씀을 읽으라', '한 주의 마지막 날인 안식일에는 일하지 말라', '술을 마시지 말라' 등 이런 '교리'들을 잘 살펴보면 각 종교의 특징을 파악할 수 있다.

기독교 교리의 핵심은 사랑이다. 기독교인은 유일하고 절대적인 신의 사랑이 모든 인류를 구원한다고 믿는다. 원래 예수는 유대 민족 출신이며, 유대교는 엄격한 계율과 '유대인만 구원받는다'라는 선민사상에 기초한 종교이다. 하지만 예수는 유대교 교리와는 전혀

삼위일체 예배(위에서 아래로 성령(비둘기), 하나님 아버지, 십자가 위의 그리스도), 1511년, 알프레드 뒤러, 빈 미술사박물관

다른 주장을 했다.

　예수는 민족과 계급에 관계없이 누구든지 신을 믿기만 하면 구원

을 받을 수 있다고 했다. 그의 가르침에 따르면 극악무도한 사람도 신을 믿고 죄를 뉘우치면 천국에 갈 수 있다. 당시로서는 혁명적이었던 예수의 가르침에 많은 사람이 공감하고 따르기를 주저하지 않았다.

기독교를 이해하기 위해 알아야 할 또 하나의 교리는 '삼위일체(三位一體)' 사상이다. 삼위란 '아버지 야훼(신)', '아들 예수', '성령(신으로 인도하는 영)'을 뜻하는데, 이 세 가지는 모두 신처럼 존귀하며 신과 동일하다는 뜻이다. 즉 신은 세 가지 인격으로 나타나지만, 본질은 하나라는 뜻이다.

예수가 기독교에서 차지하는 위치는 매우 독특해 그를 신처럼 생각하기 쉬운데, 그러면 '신은 유일하고 절대적인 존재'라는 일신교의 교리가 무너지게 된다. 그래서 삼위일체 사상이 만들어졌다고 한다.

이슬람교 – 무슬림이 실천하는 육신오행, 6가지 '진리'와 5가지 '계율'

이슬람교의 교리는 '육신오행(六信五行)'이라는 말로 요약할 수 있다.

육신이란 여섯 가지 믿음의 대상, 즉 ① 전지전능한 창조주 '알라'(신) ② 신과 사람을 중개하는 '말라이카'(천사) ③ 예언자의 손으로 기록된 계시인 '키타브'(경전) ④ 신의 가르침을 전하는 '나비'(예

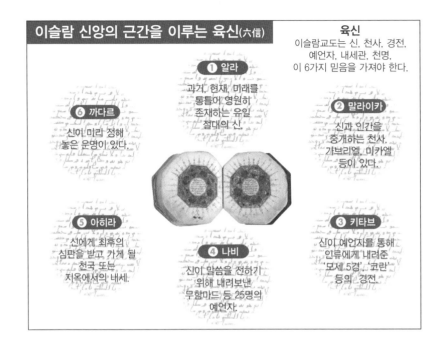

이슬람 신앙의 근간을 이루는 육신(六信)

육신
이슬람교도는 신, 천사, 경전, 예언자, 내세관, 천명, 이 6가지 믿음을 가져야 한다.

① 알라
과거, 현재, 미래를 통틀어 영원히 존재하는 유일 절대의 신.

② 말라이카
신과 인간을 중개하는 천사. 가브리엘, 미카엘 등이 있다.

③ 키타브
신이 예언자를 통해 인류에게 내려준 '모세 5경', '코란' 등의 경전.

④ 나비
신이 말씀을 전하기 위해 내려보낸 무함마드 등 25명의 예언자.

⑤ 아히라
신에게 최후의 심판을 받고 가게 될 천국 또는 지옥에서의 내세.

⑥ 까다르
신이 미리 정해 놓은 운명이 있다.

언자) ⑤ 인간은 신에게 최후의 심판을 받고 천국이나 지옥으로 가게 된다는 '아히라'(내세관) ⑥ 신이 모든 것을 정해놓았으며 신을 믿으면 구원받는다는 '까다르'(천명)이다.

또 오행이란 이슬람교도가 천국에 가기 위해 지상에서 지켜야 할 다섯 가지 계율, 즉 ① 신앙 고백 ② 예배 ③ 기부 ④ 금식 ⑤ 순례를 말한다.

이슬람교도는 일상생활을 통해 오행을 철저하게 실천하는 것을 종교적 사명으로 여긴다. 오행의 구체적인 실천 사항은 다음과 같다.

메카에서 기도를 올리는 무슬림, ⓒ Ali Mansuri, W-C

　첫째, 신앙 고백으로 알라 외에 신은 없으며, 무함마드는 알라의 사도라고 맹세해야만 이슬람교도가 될 수 있다.

　둘째, 예배는 하루에 다섯 번 성지 메카를 향해 기도를 올리는 것인데, 모든 신자는 예배당에 갈 필요 없이 어느 곳이든 큰 천을 깔고 기도하면 된다.

　셋째, 기부는 가난한 사람을 위해 돈을 내는 것으로, 이슬람 국가의 국민은 수입의 약 2.5%를 가난한 사람에게 기부할 의무가 있다. 이것을 자카트(Zakat) 혹은 자카(Zaka)로도 부르는데, 자카트는 이슬람법으로 정해진 구빈세(救貧稅)이다. 메카 시대에는 원래 희사 · 자선의 뜻으로 쓰였지만, 차츰 '구빈세'로 의미가 변했고, 스스로 내는 기부금 같은 것은 사다카(Sadaqa)로 구별하여 부른다. 대부분 곡물·과일류·가축·금·은·상품 등에 매기는 세금이며, 세율은 이익의 2.5~10%로 현재 이슬람 국가의 주요 재원이라고 한다.

넷째, 단식은 1년에 한 달간, 이슬람 달력으로 아홉 번째 달에 실시한다.

다섯째, 순례는 메카에 가서 예배함으로써 알라에 대한 믿음을 표현하는 행위인데, 이슬람교의 모든 신자는 경제적으로 허락하는 한 평생에 한 번은 메카를 순례하는 것을 사명으로 여긴다.

이슬람교도는 이 다섯 가지 계율을 지키며 하루하루를 살아간다. 너무 엄격하다고 생각할지 모르지만, 신자들 대부분은 일상생활을 통해 알라에게 충성을 다짐하고 계율을 지키려 노력하며 살아가고 있다.

불교 – 붓다가 가르치는 '삼법인'의 진리를 깨닫고 열반에 이른다

우리가 속세에서 누리는 쾌락이 인생의 목표가 아니고, 인생은 고통이며 세상의 만물은 영원하지 않다는 사실에서 출발한 게 불교이다. 그래서 불교의 궁극적인 목적은 평생의 수행을 통해 스스로 깨달음을 얻는 데 있다. 그래야 생의 괴로움에서 벗어날 수 있다는 것이다.

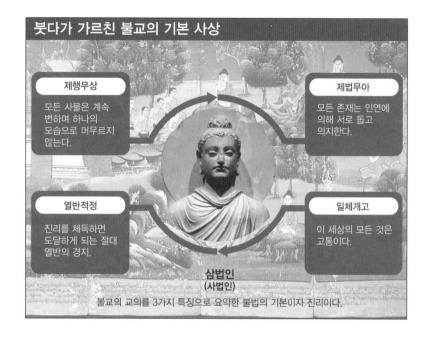

붓다가 가르친 불교의 기본 사상

제행무상
모든 사물은 계속 변하며 하나의 모습으로 머무르지 않는다.

제법무아
모든 존재는 인연에 의해 서로 돕고 의지한다.

열반적정
진리를 체득하면 도달하게 되는 절대 열반의 경지.

일체개고
이 세상의 모든 것은 고통이다.

삼법인
(사법인)
불교의 교의를 3가지 특징으로 요약한 불법의 기본이자 진리이다.

또한 불교의 깨달음을 위한 기본적인 교리는 '삼법인(三法印)', 즉 붓다의 가르침을 나타내는 세 가지 진리의 표식(印)이다. 이 삼법인에는 불교의 근본 사상이 담겨 있다. 붓다는 깨달음을 얻은 후, 모든 존재는 생명이 계속되는 한 고통에 시달려야 한다는 사실을 알고, 그 고통에서 벗어날 방법으로 삼법인의 진리를 중생들에게 가르쳤다.

첫째는 '제행무상(諸行無常)'이다. 모든 사물은 계속 변하고 한 가지 모습에 머무르지 않는다는 뜻으로 풀이한다.

둘째는 '제법무아(諸法無我)'이다. 이 세상에 실존하는 자아라는 개

일본 금강봉사에 소장된 1086년 작 열반도

체는 없으며, 모든 것이 서로의 인연으로 이루어져 있다는 뜻이다.

이 제행무상과 제법무아를 깨달으면 불교의 이상인 절대 열반의 경지에 도달하는데, 그것이 삼법인의 셋째인 '열반적정(涅槃寂靜)'이다. 이 삼법인에 '이 세상의 모든 것은 괴로움'이라는 뜻의 '일체개고(一切皆苦)'를 추가해 사법인(四法印)으로 쓰기도 한다.

그렇다면 열반의 경지에 도달하지 못해 매일 괴로워하거나 기뻐하는 사람은 어떻게 해야 할까? 그렇게 방황하는 사람이 진리를 깨닫는 방법이 '사제팔정도(四諦八正道)'이다.

'사제'는 ① 온갖 괴로움을 깨닫는 고제(苦諦) ② 괴로움은 번뇌에서 나옴을 깨닫는 집제(集諦) ③ 괴로움을 낳는 번뇌를 거슬러 올라가 그 이유를 없애는 멸제(滅諦) ④ 괴로움을 없애기 위해 수행을 실천하는 도제(道諦)로 이루어진다. 그리고 도제의 기본이 '팔정도(八正道)'이다.

팔정도는 깨달음을 성취하고 열반에 이르는 8가지의 올바른 길을 말한다. 특히 이 8가지 길은 모두 연결되어 하나의 길로 통하는 관계라는 점이 독특하다.

팔정도를 살펴보면 '① 정견(正見) : 바른 견해 · 바른 생각 ② 정사유(正思惟) : 바른 사유 ③ 정어(正語) : 바른말 ④ 정업(正業) : 바른 행위 ⑤ 정명(正命) : 바른 생활 ⑥ 정정진(正精進) : 바른 노력 ⑦ 정념(正念) : 바른 의식 ⑧ 정정(正定) : 바른 명상'이라고 되어 있다.

요컨대 불교의 사상은 세상이 괴로움으로 가득하다는 사실을 깊이 깨닫고, 그 괴로움이 마음의 번뇌에서 나옴을 인정하는 데에서 시작된다. 그 후 팔정도를 실천하면 열반의 경지에 이를 수 있다는 것이다.

유대교 - 야훼가 유대 민족에게 내린
모세의 '십계명'과 《탈무드》의 율법

'약한 자를 괴롭히지 말라'라는 보편적인 가르침부터 '물고기는 먹고 문어와 새우는 먹지 말라'라는 특이한 가르침까지, 유대교는 수많은 '율법'과 '계율'에 기초한 종교이다.

율법이란 신(야훼, 여호와)이 정한 규칙을 말한다. 대표적인 예를 들자면, 모세가 시나이산에서 신으로부터 받은 '십계(十戒)'이다. 한편 계율이란 율법을 해석하는 학자 또는 《성서》가 규정한 유대교의 규칙을 가르친다. 이 율법과 계율에 따라 기도와 예배, 의례, 식생활, 제사가 이루어진다.

유대교의 경전은 나중에 기독교의 구약성서가 되었기 때문에 구전하는 율법과 《탈무드》를 경전에 추가해 유대교의 종교적 특징을 유지하고 있다. 《탈무드》는 유대교 초기부터 전해오는 율법과 관습에 대한 랍비의 다양한 논쟁과 해석을 기록하고 있어 유대교 신앙과 철학의 바탕을 이루고 있다.

율법과 계율을 위반하는 자에게는 신의 무서운 형벌이 기다린다. 사실 유대인을 구출한 모세조차 신에게 순종하지 않았다는 이유로 약속의 땅 가나안에는 들어가지 못했다. 또한 모세에게 불평과 불만을 토로한 20세 이상의 성인은 죽을 때까지 광야를 떠도는 벌을 받아야만 했다. 이처럼 유대교의 신은 자신을 믿을 뿐 아니라 율법과 계율에 따라 행동하는 사람만 구원한다.

힌두교 – 전세의 카르마에 따라
현세의 카스트를 결정하는 윤회 사상

힌두교에는 명확한 교리가 없다. 다른 종교에 비해 사회 제도나 문화, 관습적인 면이 강한 종교이기 때문이다. 그러나 모체인 브라

세계 최대의 힌두교 사원인 뉴델리 악샤르담 사원, © 악샤르담 홈페이지

만교에서 물려받은 명확한 제도가 하나 있다. 바로 신분을 구분하는 카스트 제도이다.

인도의 주된 계급은 기원전 1000년에서 기원전 500년 사이에 성립되었다고 한다. 여기에는 앞서 말한 '브라만'과 '크샤트리아', '바이샤', '수드라' 등 네 가지 바르나(신분)와 '하리잔'(달리트)이라 불리는 불가촉천민이 있다. 이 바르나를 바탕으로 신분과 직업을 규정하는 다수의 카스트 집단이 생겨났다.

인도의 카스트 제도는 '전세의 카르마(業)에 따라 현세의 카스트가 결정된다'라는, 소위 힌두교의 윤회 사상을 토대로 성립되어 있다. 그래서 자자손손 계급이 계승되는데, 계급 간의 차별도 계승되는 탓에 현대에서는 심각한 사회문제로 인식되고 있다. 이처럼 태어나기 전부터 현세의 운명이 결정된다는 교리는 자칫 지나친 운명론에 빠뜨릴 우려가 있다.

또한 불교처럼 자신이 쌓은 업에 따라 윤회가 이루어진다고 하며, 절대 인격신 바가반 크리슈나가 목동이면서 소를 예뻐했기 때문에 소를 신성한 가축으로 여기고 소고기를 먹지 않는다.

힌두교의 다르마(법)는 관습, 도덕, 의무 등 행위 규범으로 인간 생활의 전반에 걸쳐 규정하고 있다. 다르마의 실천으로 천계에 태어난다고 하더라도 윤회를 벗어날 수는 없다. 따라서 업과 윤회로부터의 완전한 자유, 즉 해탈에 이르는 것이 힌두교의 최고선이다.

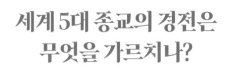

세계 5대 종교의 경전은 무엇을 가르치나?

기독교 - 신의 말씀을 전하는 《성서》는 왜 '신약'과 '구약'으로 나뉠까?

'인류 사상 최대의 베스트셀러'로 불리는 기독교의 경전 《성서》에는 《구약성서》와 《신약성서》가 있다. 그런데 두 개의 경전은 과연 무엇이 다를까?

우선 《구약성서》의 제1부 율법서 〈토라〉는 '모세 5경'이라 부르고, 창세기·출애굽기·레위기·민수기·신명기 등 다섯 권으로 이루어져 있다. 신의 세계 창조를 기록한 창세기와 이스라엘 왕국의 성립, 유대인이 강제로 이주한 바빌로니아에서의 포로 생활 등 역사적 사실이 기록된 것이다.

《구약성서》와 《신약성서》의 공통점과 차이점 비교

구약성서

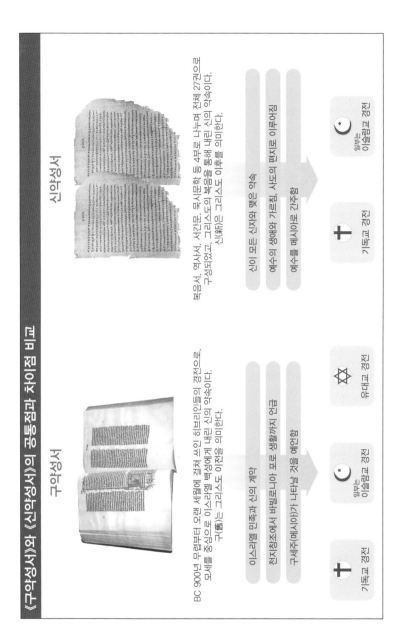

BC 900년 무렵부터 오랜 세월에 걸쳐 쓰인 히브리인들이 경전으로, 모세를 중심으로 이스라엘 백성에게 내린 신의 약속이다. 구세(舊世)는 그리스도 이전을 의미한다.

- 이스라엘 민족과 신의 계약
- 천지창조에서 바빌로니아 포로 생활까지 언급
- 구세주(메시아)가 나타날 것을 예언함

| 기독교 경전 | 일부는 이슬람교 경전 | 유대교 경전 |

신약성서

복음서, 역사서, 서간문, 묵시문학 등 4부로 나누며 전체 27권으로 구성되었고, 그리스도의 복음을 통해 내린 신의 약속이다. 신(新)은 그리스도 이후를 의미한다.

- 신이 모든 신자와 맺은 약속
- 예수의 생애와 가르침, 사도의 편지로 이루어짐
- 예수를 메시아로 간주함

| 기독교 경전 | 일부는 이슬람교 경전 |

1장 5대 종교지도로 종교의 역사를 읽는다 - 47

우주 만물이 하느님에 의해 창조되었으며, 세계는 하느님이 다스리고 심판한다는 교리를 강조하는 '구약(舊約)'의 '약(約)'은 유대인이 신과 맺은 '약속'을 뜻한다. 즉《구약성서》는 원래 유대교의 경전이었다.

예수 그리스도는《구약성서》의 교리와 권위를 인정하고 받아들였다. 그러나 당시 유대교의 민족주의를 앞세운 편협한 종교관을 거부하고 보편적인 하느님의 사랑과 통치를 앞세운 기독교의 교리로 새로 쓰인 것이 바로《신약성서》이다.

〈복음서〉와 〈요한계시록〉 등으로 이루어진《신약성서》에는 예수의 생애와 가르침, 제자들의 전도 활동 등이 기록되어 있다. 이런 까닭에 기독교에서는《구약성서》를 '예수의 구원을 예언하는 책', '구약'을 갱신한《신약성서》를 '예수의 구원을 약속한 책'으로 구분하여 경전으로 삼는다.

이슬람교 –《코란》은 신의 계시만
아랍어로 기록한 무오류의 경전이다

이슬람교는 교조 무함마드가 대천사 가브리엘로부터 신(알라)의 계시를 받아 기록한 것이 이슬람교의 최고 경전인《코란》이다. 610년, 처음으로 종교 체험을 한 이후 20여 년간 알라의 사자로서 신의 계시를 전하고, 제자와 신도들이 양피지나 낙타 뼈에 남긴 기록들을 모아 편집한 경전이다.

12세기 코란 사본, GNU Free Documentation License, 이란 레자압바시박물관

《코란》은 알라의 말씀을 그대로 전하는 것이기에 이슬람교 신자들은 예배할 때 내용을 암송하고, 일상생활에서도 알라의 가르침을 철저하게 실천해야 한다.

그리고 아랍어로 된 《코란》만 원전으로 인정하는 이유는 알라의 가르침을 왜곡하거나 훼손하는 것을 막기 위함이다. 아랍어 자체로 해석해야 경전의 본뜻을 제대로 이해할 수 있기 때문이라고 설명한다.

《코란》의 전반에는 오행을 비롯한 생활과 행동 규범이, 후반에는 무함마드가 포교 활동 초기에 받은 신의 계시가 주로 기록되어 있다. 《성서》처럼 흥미진진한 이야기는 없지만, 이슬람교도들은 《코란》을 신의 말씀으로만 이루어져 오류가 전혀 없는 책이라 여기며 신앙의 기반으로 삼고 있다.

또 《코란》에는 천지창조, 아담과 하와의 탄생, 유대교 이야기, 예수 그리스도의 역할 등에 관한 내용이 있다. 이처럼 이슬람교는《구약성서》도 경전의 일부로 인정한다. 다만 이전의 경전은 신의 계시를 올바르게 전하지 못했으며, 《코란》만이 그 오류를 모두 바로잡은 최후의 말씀이라 하여《코란》을 최고의 경전으로 꼽는다.

불교 – 붓다의 가르침인 경전 가운데
270자 《반야심경》이 불교 사상을 상징

일반적으로 '경(經)'이라 불리는 불교의 경전은 다른 종교에 비해 수가 압도적으로 많은 것이 특징이다. '8만 4,000개의 법문(가르침)'이라는 말이 있을 정도이다. 이 말이 약간 과장된 표현이기는 하지만, 실제로 3,000개 이상의 경전이 존재한다고 한다.

원래 붓다의 가르침은 전혀 문자로 기록되지 않았기 때문에 처음에는 경전도 없었다. 그러나 붓다가 열반에 든 후 제자들이 올바른 가르침을 전하기 위해 경전을 편찬하기 시작했고, 불교가 발전하면서 경전의 수는 점점 늘어났다.

불경에는 붓다의 가르침(교리)을 모은 경(經), 교단의 규율을 정한 율(律), 사상적 이론을 정리한 논(論)의 삼장(三藏)을 비롯해 경·율·논에 고승이나 학자들이 주석을 붙인 저술까지 포함한다. 불교 경전 전체를 '대장경(大藏經)'이라고도 하는데, 붓다의 열반 이후에도 암송으로 전해지다가 후대에 문자로 정리·기록되었다.

《반야경(般若經)》, 《법화경(法華經)》, 《화엄경(華嚴經)》, 《대일경(大日

붓다의 40년 설법을 집약한 경전인 묘법연화경, 1340년, 메트로폴리탄미술관

經)》, 《아미타경(阿彌陀經)》 등 지금까지도 많은 경전이 남아 있지만, 그중 가장 인기 있는 것은 《반야심경(般若心經)》일 것이다.

《반야심경》은 수백 년에 걸쳐 편찬된 《반야경전》의 중심 사상을 270자로 함축해서 서술한 경전이다. 불교의 모든 경전 중 가장 짧은 것에 속하지만, 그 안에 불교의 본질인 '공(空, 자아가 없는 상태)'의 사상이 잘 나타나 있어 지금도 여러 불교 교파에서 불교를 대표하는 경전으로 인정하고 있다.

유대교 – 《탈무드》는 구전 전승의 율법과
랍비의 논쟁을 정리한 유대교 경전

《구약성서》는 기독교, 이슬람교, 유대교에서 공통으로 인정하는 경전이다. 그런데 유대교에는 그 외에도 《탈무드》라는 경전이 하나 더 있다. 《토라》로 불리는 '모세 5경'이 문서로 전해진 율법이라면, 《탈무드》는 구전으로 전해진 율법을 문서로 정리한 책이다.

구전으로 전승한 미슈나(Mishna, 학습)와 랍비들의 논쟁과 해설인 게마라(Gemara, 주해)를 한데 모은 것이 탈무드이다. 즉 미슈나는 유대 민족이 생활 규범으로 지켜야 할 율법이고, 게마라는 율법과 관습을 주제로 다루는 랍비의 가르침이라고 할 수 있다.

《탈무드》 속에는 '유대인은 한쪽 다리가 부러지면 나머지 다리가 무사함을 신에게 감사하고, 양다리가 부러지면 목이 부러지지 않았음을 감사해야 한다'라는 등 일상생활에서 가져야 할 마음가짐에 대한 교훈이 실려 있다. 그리고 '금요일 일몰부터 토요일 일몰까지를 안식일로 지켜 남성은 회당에서 예배를 드리고, 여성은 일몰 20분 전부터 양초를 켜라'라는 등 일상생활에서 따라야 하는 행동 규범이 기록되어 있다.

《탈무드》에 기록된 율법은 식사, 기도, 상업 등 다양한 영역을 규정하며, 유대인은 이를 지킴으로써 유대교도로서의 정체성을 유지한다.

힌두교 – 고대 인도의 의례, 철학을 담은
《베다》는 '계시된 것'과 '기억된 것'으로 구분

힌두교에는 다른 종교와 달리 교조가 없지만 방대한 양의 경전은 있다. 이 경전들은 인도의 철기 시대(베다 시대라고 함)에 만들어진 《베다》를 기본으로 한 것이다. 《베다》는 힌두교의 가장 신성한 경전으로 힌두교의 철학, 종교의식, 생활 규범의 기초를 형성하고 있다.

고대 산스크리트어로 쓴 베다 텍스트

경전의 전체 구성은 '계시된 것'과 '기억된 것'으로 구분하는데, 고대의 현자가 직접 들은 것을 사람이 이해할 수 있는 문자로 옮긴 것(계시된 것)과 계시된 것에 글을 쓴 사람의 지식이 들어간 것(기억된 것)으로 되어 있다.

《베다》는 신들에 대한 찬송과 기도를 담은 《리그베다(Rigveda)》, 제의의 노래를 담은 《사마베다(Samaveda)》, 제의의 주문과 절차를 설명한 《야주르베다(Yajurveda)》로 이루어져 있다. 최근에는 여기에 주술 치료 등 민속 신앙의 성향이 짙은 《아타르바베다(Atharvaveda)》까지 추가해 '4대 베다'로 부르기도 한다.

한편 '베다'는 고대 인도의 언어인 산스크리트어로 '지혜'를 뜻하며, 그 안에는 힌두교의 교리와 신들에게 바치는 찬미가와 기도문이 수록되어 있다.

《베다》는 원래 브라만교의 경전이었지만, 기원전 11세기경부터 700년 이상 세월이 흐르는 동안 힌두교의 경전으로 바뀌었다. 《베다》는 지금도 《라마야나》와 《마하바라다》 등의 서사시(신화나 전설을 노래한 시)와 함께 힌두교에서 중요한 위치를 차지하고 있다.

일신교와 다신교 숭배 대상은
어떤 차이가 있는가?

기독교 – 성부, 성자, 성령이 하나의 실체인
하나님 안에 존재한다는 '삼위일체설'

기쁜 일이 있을 때, 잘못을 뉘우칠 때, 슬픔에 빠졌을 때, 도움이
필요할 때……. 이럴 때 신앙이 있는 사람은 기도를 한다. 그렇다면
그 기도는 어디를 향할까? 각 종교는 무엇을 숭배하고 경외할까?

우선 기독교에서는 '아버지 하나님(신)'을 숭배한다. 신은 만물을
창조했으며, 죄를 저지른 인류를 버리기는커녕 구원의 축복을 내려
주었다. 심지어 성자 예수를 땅에 보내 원죄(아담과 이브의 죄)를 지
은 인류를 용서했다. 기독교도들은 전지전능한 유일신을 믿고 예배
를 올린다.

기독교의 핵심 교리는 삼위일체

삼위일체란?
신처럼 존귀하고 신과 동일하다는 성부는
아버지 하나님, 아들 예수, 성령을 뜻하는데,
셋은 세 가지 인격(?)이지만 본질은 하나이다.
특히 예수는 기독교에서 위치가 가장 신과
동일하므로, 신이 유일하고 절대적인 존재라는
일신교의 교리와 배치된다고 해서 삼위일체가
만들어졌다.

성령
인간을 신 앞으로 인도하는 하나님의 영.

신
(아버지 하나님)
만물을 창조하고 인류의 죄를 용서한 유일 절대의 신.

마리아
가톨릭교회와 동방정교회에서 신앙의 대상으로 여긴다.

예수
신의 일부이며 신과 동등한 숭배를 받는다.

삼위일체 (三位一體)

기독교에서 예수는 하나님과 동등한 숭배의 대상이다. 성부, 성자, 성령이 하나의 실체인 하나님 안에 존재한다는 삼위일체설에 의하면 예수는 신의 일부이며, 자신의 목숨을 버려 인류의 모든 죄를 씻은 숭고한 존재이기 때문이다.

한편 가톨릭교와 동방정교에서는 동정녀로 예수를 잉태한 성모 마리아까지 신성시한다. 지금도 세계 각지에 마리아가 일으킨 기적이 전파되는 것이 그 증거이다. 단, 개신교에서는 마리아를 '예수의 어머니'로만 인정해 존경하고 사랑할 뿐, 신성시하지는 않는다.

이슬람교 – 숭배 대상은 유일신 알라뿐, 우상 숭배는 철저하게 금지한다

일신교인 기독교, 유대교, 이슬람교에서는 기본적으로 유일하고 절대적인 신 이외의 대상을 숭배할 수 없다. 그래서 그림이나 형상에 영적인 능력을 부여해 예배하는 '우상 숭배'가 금지되어 있다. 특히 일신교 중에서도 이슬람교는 '우상 숭배'를 가장 엄격하게 금지한다.

이슬람교의 신앙 대상은 영원한 유일 절대의 신 알라뿐이다. 알라 이외의 존재를 믿는 것은 중대한 죄이며, 알라의 모습을 그리거나 빚어내는 행위도 철저히 금지되어 있다. 그래서 모스크(이슬람교 사원)에 알라의 초상이나 조각이 전혀 없는 것이다. 이슬람교도의 신앙 대상은 오직 알라뿐이다.

이슬람교에서는 알라신이 계시와 함께 보낸 4대 예언자로 아브라함, 모세, 예수, 무함마드 등을 꼽는다. 모두 신의 말씀을 전하고 실행한 완전무결한 신의 대리인이라는 뜻이다.

불교 – '신'이 없는 불교에서는 붓다의 가르침이 숭배의 대상이다?

5대 종교 중 불교와 다른 네 종교 사이에는 아주 큰 차이가 있다. 불교에는 다른 종교가 숭배하는 '신'이 없는 것이다.

붓다(석가)는 불교를 창시하기는 했지만, 천지를 창조해 세상사를 주관하는 신은 아니다. 신의 말씀을 전하는 예언자도 아니다. 세상의 진리와 생로병사의 고통에서 벗어나는 방법을 깨닫고, 중생들에게 불법을 설파해 깨달음으로 부처의 경지에 이르도록 가르치고 구제한다.

그렇다면 불교에서는 무엇을 숭배할까? 처음에 불교의 신앙 대상은 붓다의 가르침(法, 다르마)뿐이었다. 하지만 붓다가 죽은 후 그를 숭배의 대상으로 삼으려는 경향이 강해졌고, 점차 그것이 구체적인 형태를 띠게 되었다. 대표적인 예가 붓다의 조각상 등 불상이다.

불상은 시대를 거듭할수록 다양해져 지금과 같이 여래(如來), 보살(菩薩), 명왕(明王) 등의 이름이 붙은 다양한 모습의 불상이 생겨나게 되었다.

유대교 – 모세의 '십계명' 중 첫째 계율이
'나 외의 다른 신을 섬기지 말라'

유대교도는 '야훼(여호와)'라는 이름의 유일하고 절대적인 신을 믿는다. 야훼는《구약성서》로 유대인과 계약을 맺고 이스라엘 땅을 선물했다. 그런데 십계를 비롯한 모세의 가르침 중에 '우상을 만들

예루살렘 성전을 봉헌한 솔로몬, 1896~1902년, James Tissot, 뉴욕 유대인박물관

지 말라'라는 계율이 있으므로, 유대교도는 야훼의 모습을 그림으로 그리거나 조각으로 만들어서는 안 된다.

게다가 신자는 예배 때 신의 이름을 부를 수 없다. 십계에 '신의 이름을 말하지 말라'라는 항목이 있기 때문이다. 그래서 유대교도는 신을 이름으로 부르지 않고 '신'을 의미하는 일반명사인 '아도나이(Adonai, 나의 주님)' 또는 '엘로힘(Elohim, 히브리어로 하느님)' 등으로 부른다.

유대교에서는 예수도 생애 동안 하나님과의 약속이 이루어지지 않아 메시아로 인정하지 않기 때문에 우상 숭배도 금지하고 있다. 유대인들에게는 하나님의 유일성만이 신앙의 출발이자 목적이다.

힌두교 – 수많은 신을 숭배하는 힌두교의 3대 신은 시바, 비슈누, 브라흐마

다신교인 힌두교에서는 무수한 신을 신앙의 대상으로 삼는다. 신화에 등장하는 신, 자연계의 동식물로 변신한 신 등 종류도 다양하다. 우주의 삼라만상을 신격화해서 수많은 신을 숭배하고 있다.

그런 힌두교의 수많은 신들 가운데서도 '브라흐마(창조)', '비슈누(보존)', '시바(파괴)'가 3대 신으로 꼽힌다. 이들 3대 신을 트리무르티(Trimurti)라 부르는데, 삼신일체를 의미하지만 통일된 명칭은 없다.

브라흐마는 우주를 창조한 신이지만 철학적 우주관에서 중요한

브라흐마, 비슈누, 시바가 베다를 들고 자신의 배우자와 함께 연꽃 위에 앉아 있다. 1770년, 빅토리아앤앨버트뮤지엄

역할을 할 뿐 형태가 없다. 신화에도 거의 등장하지 않아서 주신으로 숭배하는 사람이 그리 많지 않다. 비슈누는 세상을 보존·유지하는 신으로, 종종 물고기나 멧돼지 등 동물의 모습으로 인간에게 나타난다. 시바는 파괴의 신으로, 성스러운 소 난딘을 타고 다니는 것으로 알려져 있다.

힌두교는 일신교와 달리 우상 숭배가 활발하기 때문에 사원 곳곳에 신의 형상이 장식되어 있는 것이 특징이다. 종교와 생활이 하나로 일체화된 모습을 보이고 있다.

세계 5대 종교의 사후 세계, 사람은 죽으면 어디로 가는가?

기독교 – 인간이 죽은 후의 세계에는 '천국'과 '지옥'만 있는 것이 아니다?

사람은 죽으면 어떻게 될까? 누구나 사후 세계에 대해 어느 정도 불안감과 궁금증을 가지고 있기 마련인데, 이런 불안감을 누그러뜨리는 것도 종교의 역할일 것이다. 그렇다면 종교는 각각 어떤 사후 세계를 상정하여 신자들에게 가르칠까?

기독교의 경우, 사람은 죽으면 영혼이 되어 세례(신자가 되는 의식)를 받은 사람은 천국으로, 죄인은 고통스러운 지옥으로 간다고 믿는다. 그리고 지옥이라는 곳이 불구덩이가 아니고, 하나님의 사랑이 미치지 않는 곳으로 해석해야 한다는 주장도 있다.

최후의 심판(프레스코), 1536~1541년, 미켈란젤로, 바티칸 시스티나 성당

지옥 불구덩이는 기독교에서 비유적으로 사용한 수사에 지나지 않는다는 것이다.

단, 사후에 사람이 가는 곳은 그뿐만이 아니다. '변옥(邊獄, Limbo)' 과 '연옥(煉獄, 개신교에서는 연옥을 부정함)'도 있다. 변옥은 세례 전에 죽은 아기나 예수 탄생 이전에 살던 사람이 가는 곳이며, 연옥은 죄인이라고 부를 수 없을 만큼 가벼운 죄를 지은 사람이 죄를 정화하는 곳이다.

그러나 이 네 가지 세계도 이 세상이 끝나고 인류가 멸망하는 종말이 올 때까지 일시적으로 머무는 곳에 불과하다. 결국 마지막 날에 모든 사람은 자기 육체를 되찾아 부활하고, 예수에게 최후의 심판을 받게 된다. 그때 생전의 믿음과 행위를 판단 받아 영원한 천국 또는 지옥으로 갈라지는 것이다.

이슬람교 – '칼은 천당과 지옥의 열쇠이다', 지하드를 성전으로 미화해 폭력을 정당화

이슬람교의 생사관은 같은 일신교인 기독교와 유대교의 영향을 많이 받았다. 이슬람교에서도 사람은 종말이 오면 최후의 심판을 받아 천국이나 지옥으로 간다고 믿는다.

다만 일반인들이 이슬람교 교리를 오해하는 것으로 다음과 같은 내용이 있다. '칼은 천당과 지옥의 열쇠이다. 나라를 위해서 지하드(성전)에 참가했다가 죽은 사람은 신록이 우거진 천국에 다시 태어나 봄과 같은 천상 세계에서 살며 72명의 미녀가 시중들게 하고 7만 명의 노예를 부릴 수 있을 것이다'라고 설교하면서 지하드를 정당화한다는 것이다.

원래 아랍어 지하드는 '분투 또는 노력'이라는 의미를 지니고 있

사후 세계-사람은 죽으면 어디로 가는가?

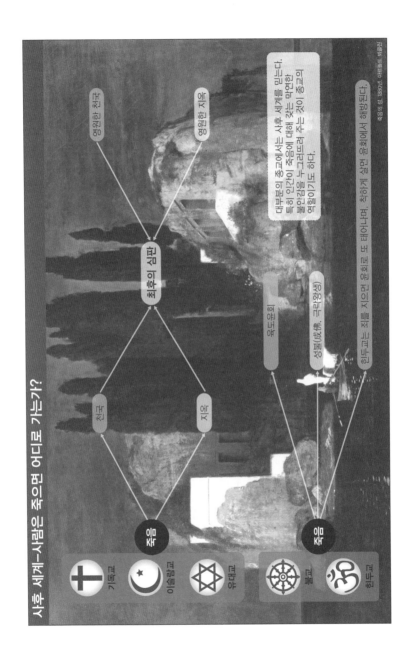

영원한 천국

영원한 지옥

최후의 심판

천국

지옥

윤회설

성불(成佛, 극락왕생)

죽음

죽음

기독교

이슬람교

유대교

불교

힌두교

대부분의 종교에서는 사후 세계를 믿는다. 특히 인간이 죽음에 대해 갖는 막연한 불안감을 누그러뜨려 주는 것이 종교의 역할이기도 하다.

힌두교는 죄를 지으면 윤회로 또 태어나며, 죽으면 선연 윤회에서 해방된다.

죽음의 섬, 1880년, 아르놀트 뵈클린

다. 이슬람 신앙 차원에서 내적 고양을 위해 분투한다는 뜻의 지하드가 이슬람 포교 초기 교세 확장을 위해 전쟁과 폭력을 불사하고 '성전'으로 미화하면서 오해의 여지를 남긴 것이다. 실제로 이슬람 수니파는 지하드를 신도들이 실천해야 할 의무로 인정하지 않지만, 시아파는 실천해야 하는 의무로 규정하고 있다.

이슬람 세력의 확장과 외부의 적대 세력으로부터 방어하기 위해 무자비한 폭력을 정당시하는 맹목적인 믿음이 종교 전쟁과 자폭 테러를 부추긴다는 지적이 많다.

불교·힌두교 – 사후 세계의 '육도'에서 윤회를 반복하다 열반의 경지 이른다

종교의 뿌리가 같은 불교와 힌두교의 생사관도 거의 비슷하다. 천상도(天上道. 모든 욕망과 즐거움이 충족되는 세계이지만 열반에는 이르지 못한 세계로, 선정(禪定)을 익히고 닦아야 하는 곳), 인간도(人間道. 5계(戒)와 10선(善)을 닦은 사람이 태어나는 세계로, 탐욕·분노·어리석음이 숨어 있어 불법(佛法) 수행에 가장 적합한 곳), 아수라도(阿修羅道. 5계 10선을 닦은 사람이 태어나는 곳으로, 지혜는 있지만 싸우기를 좋아하는 세계), 축생도(畜生道. 고통이 많고 즐거움이 적은 곳으로, 어리석은 짓을 많이 한 사람이 태어나는 곳), 아귀도(餓鬼道. 굶주림과 목마름의 세계로, 생전에 욕심을 부리고 보시하지 않은 사람이 태어나는 곳), 지옥도(地獄道. 육도 중 가장 고통이 심한 곳으로, 분노를 일으켜 남에게 해를 입힌 사람이 태어나는 곳) 등으로 사후 세계가 '육도(六道)'로 구분되어 있다.

죽은 사람은 여섯 가지 세계인 '육도' 가운데 하나에서 다시 태어나기를 무한히 반복한다. 이것이 불교의 생사관인 '윤회전생(輪廻轉生)'이다. 무한히 생사를 반복하는 것은 생로병사의 고통을 되풀이할 뿐이므로, 불교에서는 수행을 통해 윤회에서 벗어나(해탈) 극락으로 가는 것(극락왕생)을 최종 목적으로 삼는다. 극락은 기독교나 이슬람교의 천국에 해당하는 곳이다.

죽은 지 49일이 되면 생전에 지은 죄에 따라 윤회와 해탈 여부가 결정된다. 해탈하려면 수행을 통해 집착에서 벗어나야 하는데, 수행이 부족하면 육도를 다시 반복해야 한다. 힌두교에서도 이런 윤회전생 사상이 신앙의 근본을 이루고 있다. 불교와 힌두교는 둘 다 브라만교의 영향을 받아 성립되었기 때문에 생사관에도 공통점이 있는 것이다.

유대교 – 메시아가 세상의 종말에
유대 민족만을 구원한다는 선민사상

기독교의 종주인 유대교 역시 사후 세계를 천국과 지옥으로 나눈다. 그러나 유대교가 성립될 당시의 유대인은 사후 세계에 대해 생각하기보다 신에게 물려받은 축복의 땅에서 유대 민족이 번영하는 것이야말로 진정한 구원이라고 믿었다.

즉 유대교는 원래 사후 세계에 대한 관념이 명확하지 않았다. 고대 유대인들은 율법을 잘 지키면서 착하게 살면 하나님이 무병장수와 함께 많은 자손과 가축을 준다고 믿었던 것이다.

이런 생각이 무너진 것은 유대 왕국이 붕괴하고, 백성이 바빌로니아에 포로로 끌려간 '바빌론 유수(기원전 597년)' 이후이다. 이 고난의 시대가 되어서야 '종말이 가까워지면 구세주(메시아)가 등장해 유대인을 구원한다'라는 사상이 싹텄고, 죽은 자의 부활과 최후의 심판 등에 대한 신앙으로 확대되었다.

그때 천국과 지옥의 개념도 생겨났다. 지금까지도 유대교의 천국은 유대 민족만의 이상향을 가리키고, 지옥은 그 반대 개념으로 받아들이는 사람들이 많다. 그러나 유대교의 선민사상이 이스라엘 민족의 우월성을 강조하는 개념이라기보다는, 그들이 하나님의 뜻을 세상에 전파하기 위한 도구로 선택되었다는 해석이 일반적이다.

5대 종교의 성지와 순례는
신자들에게 신앙의 터전이다

기독교·유대교·이슬람교 – 예루살렘에는
세계 3대 종교의 성지가 있다!

각 종교의 신자들에게 성지는 기도하는 곳이자 신앙의 터전으로, 자신의 종교가 출발한 뿌리와 같은 곳으로 신성시된다. 어떤 종교든 '성지'로 숭배하는 유서 깊은 장소가 있다. 그래서 성지는 대부분 교조와 연관이 있는 곳이거나, 그 종교를 상징하는 핵심적인 사건이 일어난 곳이다.

기독교에서는 가톨릭교의 총본산인 교황청이 있는 바티칸과 사도 야고보의 무덤이 발견된 스페인의 산티아고 데 콤포스텔라, 동로마(비잔틴)제국의 수도 콘스탄티노플(현재의 이스탄불로 동방정교의

산티아고 데 콤포스텔라 대성당, 2021년, © Fernando, W-C

총주교청이 있음) 등을 성지로 꼽는다.

성지 순례에서 결코 빼놓을 수 없는 산티아고 데 콤포스텔라 대성당(Cathedral of Santiago de Compostela)을 보자. 이 성당은 프랑스와 스페인의 국경을 이루는 피레네산맥을 넘어 스페인 서북부 갈리시아(Galicia)까지 이어지는 기독교 순례길을 따라 퍼진 성당 가운데 가장 마지막에 만날 수 있다.

유럽에서 가장 큰 순례 성당으로 10세기에 성 야고보(스페인명 산티아고)의 유해가 발견된 후, 세계 3대 성지의 하나가 되었으며, 성지 순례의 종착지이기도 하다. 그래서 이 성당은 항상 순례자들로 붐비는데, 세계에서 제일 큰 향로에 향을 피우고 올리는 향로 미사(Botafumeiro, 보타푸메이로)가 유명하다.

이 향로 미사는 오랜 여행으로 제대로 씻지 못한 순례자들을 위로하고, 그들이 풍기는 악취를 없애기 위해 미사 중에 향로를 흔들어 연기와 향을 내뿜는 미사라고 한다. 물론 이 미사는 매일 하는 게 아니고 주로 일요일이나 기념일에만 진행하는 것으로 알려져 있다.

일신교 3대 종교에서 예루살렘은 공통의 성지로 아주 중요하며, 예루살렘 빼고는 서양 종교 이야기를 할 수가 없다고 해도 과언이 아니다. 예루살렘은 특히 예수가 자신을 따르던 12제자에게 '최후의 만찬'을 베푼 뒤 십자가형으로 처형당한 도시이기도 하다.

예수가 십자가에 매달려 죽었다는 예루살렘의 골고다(해골이라는 뜻, 영어로는 갈보리(Calvary)) 언덕에는 무덤 교회가 세워졌는데, 기독

스페인 산티아고 데 콤포스텔라까지 가는 순례자의 길

산티아고 데 콤포스텔라(Santiago de Compostela)

스페인 북서부의 산티아고 데 콤포스텔라는 로마, 예루살렘과 더불어 3대 그리스도교 순례지이다. 러시아, 영국, 핀란드, 이탈리아, 포르투갈 등 각지에서 산티아고로 가는 여러 갈래 길 가운데 가장 유명한 프랑스 길은 프랑스 남부 국경의 생장피드포르에서 시작해 피레네산맥을 넘어 스페인 산티아고 데 콤포스텔라까지 이르는 약 800km의 길이다. 1993년에 유네스코 세계문화유산으로 지정되었고, 《연금술사》의 작가 파울로 코엘료가 걸어서 더욱 유명해졌다.

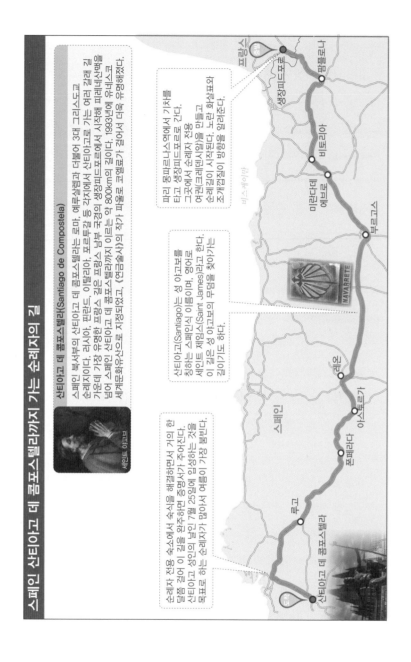

세인트 야고

순례자 전용 숙소에서 숙식을 해결하면서 거의 한 달쯤 걸어 이 길을 완주하면 증명서가 주어진다. 산티아고 성인의 날인 7월 25일에 입성하는 것을 목표로 하는 순례자가 많아서 여름이 가장 붐빈다.

산티아고(Santiago)는 성 야고보를 칭하는 스페인식 이름이며, 영어로 세인트 제임스(Saint James)라고 한다. 이 길은 성 야고보의 무덤을 찾아가는 길이기도 하다.

파리 몽파르나스역에서 기차를 타고 생장피드포르로 간다. 그곳에서 순례자 전용 여권(크레덴시알)을 만들고 순례길이 시작된다. 노란 화살표와 조개껍질이 방향을 알려준다.

프랑스

팜플로나

생장피드포르

비토리아

미란다데
에브로

부르고스

NAVARRETE

레온

아스토르가

폰페라다

루고

스페인

산티아고 데 콤포스텔라

비스케이만

교는 이 교회를 최고의 성지로 여긴다. 예루살렘을 신성시하는 종교가 기독교만은 아니다. 이슬람교와 유대교 역시 예루살렘을 중요한 성지로 생각하고 신성시한다.

이슬람교는 예언자 무함마드가 말의 형상을 한 브라크의 등에 올라 천사 가브리엘과 함께 승천했다는 바위를 에워싼 '바위 사원'을 예루살렘 구시가지에 지었다. 또한 유대교는 서기 70년에 로마군이 예루살렘을 공격해 수많은 유대인을 죽였는데, 그것을 지켜본 성벽이 밤만 되면 눈물을 흘린다는 이야기에서 유래된 '통곡의 벽'을 자신들의 성지로 여기고 있다. 통곡의 벽은 그들이 자기들 부흥의 염원을 대변한다고까지 여긴다.

이렇게 예루살렘이라는 하나의 도시에서 3대 종교의 성지가 서로 이웃하고 있으면서 갈등하는 상황이 이어지고 있다. 따라서 예루살렘이 시대를 불문하고 끊임없는 종교 분쟁과 영토 분쟁의 무대가 되어 숱한 희생자의 피로 얼룩지게 된 것이다.

이슬람교 - 무함마드의 출생지 메카는 일생에 한 번은 순례하는 게 의무이다

이슬람교의 성지는 예루살렘과 사우디아라비아의 메카, 메디나로 모두 세 곳이며, 그중에서도 가장 중요한 성지는 메카이다. 메카는 교조 무함마드의 출생지로, 이곳을 순례하는 일(하지)은 무슬림이면 평생에서 한 번은 꼭 해야 하는 이슬람교도의 5대 의무 중 하

전 세계에 흩어져 있는 5대 종교의 성지

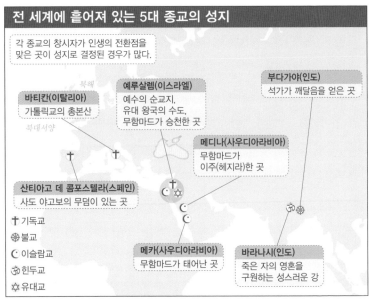

각 종교의 창시자가 인생의 전환점을
맞은 곳이 성지로 결정된 경우가 많다.

북해

바티칸(이탈리아)
가톨릭교의 총본산

북대서양

예루살렘(이스라엘)
예수의 순교지,
유대 왕국의 수도,
무함마드가 승천한 곳

부다가야(인도)
석가가 깨달음을 얻은 곳

메디나(사우디아라비아)
무함마드가
이주(헤지라)한 곳

산티아고 데 콤포스텔라(스페인)
사도 야고보의 무덤이 있는 곳

† 기독교
✳ 불교
☾ 이슬람교
🕉 힌두교
✡ 유대교

메카(사우디아라비아)
무함마드가 태어난 곳

바라나시(인도)
죽은 자의 영혼을
구원하는 성스러운 강

예루살렘 구시가지의 3대 종교 성지

이슬람교도
지구

바위 사원

무덤 교회

† 기독교도
지구

자파 게이트

통곡의 벽

아르메니아인
지구

유대교도
지구

3대 종교의 성지가
예루살렘에 있다.

나로 정해져 있다.

물론 돈이 없다든가 하는 개인적인 사정이 있으면 안 해도 된다고 하지만, 웬만하면 일생에 한 번은 메카 순례를 하는 게 무슬림의 불문율이다.

물론 가고 싶다고 해서 무작정 갈 수도 없다. 사우디아라비아에서 메카 비자 쿼터를 정하기 때문에 순례 기간에 제대로 방문하려면 몇십 년을 기다려야 하는 경우도 많다. 이런데도 메카를 찾는 순례자의 수는 엄청나다. 매년 순례철만 되면 200만 명 이상의 이슬람교도가 전 세계에서 모여든다고 한다.

특히 사우디는 메카 성지 순례로 매년 60억 달러(한화로 8조 3,340억 원)의 수익을 올린다고 알려져 있다. 성지 순례를 위해 방문하는 엄청난 인파에 정부도 이슬람교도를 위한 출입국 관리와 치안 및 교통 관리에 몸살을 앓을 정도이다.

2024년 6월에는 계속된 폭염을 무릅쓰고 수많은 사람이 메카 순례에 나서 1,300여 명이 사망해서 세계가 놀라기도 했다.

메카를 찾은 신자들은 무함마드가 최후로 메카를 순례했을 때의 순서를 따른다. 우선 바느질 자국이 없는 흰 순례복을 입는다. 이어 카바 신전 주위를 일곱 번 돈 뒤(타와프), '싸파'와 '마르와' 언덕 사이를 일곱 번 오간다. 그리고 미나, 무즈달리파를 경유해 라흐마산(메카 외곽 아라파트산 봉우리로 정식 이름은 자발 알 라흐마, 용서의 산)으로 간다. 이렇게 정해진 순서와 시간에 따라 순례하는 것이다.

특이한 것은 '미나'의 악마를 상징하는 석탑을 향해 일곱 가지 돌

이슬람교 성지 메카와 순례 코스

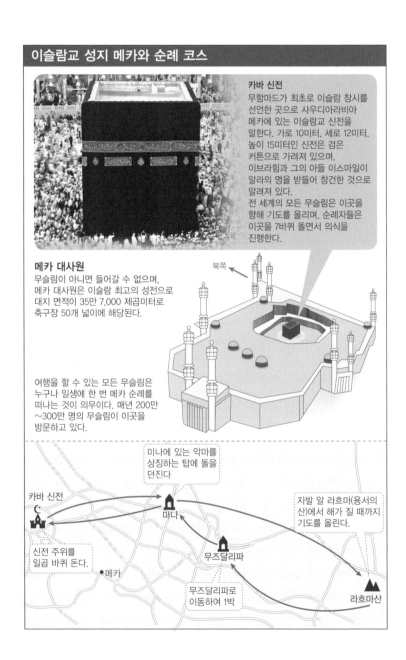

카바 신전
무함마드가 최초로 이슬람 창시를 선언한 곳으로 사우디아라비아 메카에 있는 이슬람교 신전을 말한다. 가로 10미터, 세로 12미터, 높이 15미터인 신전은 검은 커튼으로 가려져 있으며, 이브라힘과 그의 아들 이스마일이 알라의 명을 받들어 창건한 것으로 알려져 있다. 전 세계의 모든 무슬림은 이곳을 향해 기도를 올리며, 순례자들은 이곳을 7바퀴 돌면서 의식을 진행한다.

메카 대사원
무슬림이 아니면 들어갈 수 없으며, 메카 대사원은 이슬람 최고의 성전으로 대지 면적이 35만 7,000 제곱미터로 축구장 50개 넓이에 해당된다.

북쪽

여행을 할 수 있는 모든 무슬림은 누구나 일생에 한 번 메카 순례를 떠나는 것이 의무이다. 매년 200만 ~300만 명의 무슬림이 이곳을 방문하고 있다.

미나에 있는 악마를 상징하는 탑에 돌을 던진다

카바 신전

미나

자발 알 라흐마(용서의 산)에서 해가 질 때까지 기도를 올린다.

신전 주위를 일곱 바퀴 돈다.

●메카

무즈달리파

무즈달리파로 이동하여 1박

라흐마산

아라파트산을 뒤덮은 순례자들, 2009년, © Omar Chatriwala, W–C

을 던지는 순서이다. 여기서는 다른 사람이 던진 돌에 맞아서 다치거나 죽는 사람이 해마다 나오지만, 순례 중에 죽으면 반드시 천국에 간다고 믿기 때문인지 당사자 간의 분쟁이나 소송으로 번지는 일은 없다고 한다.

불교 – 부다가야의 보리수 아래에서
마침내 붓다는 깨달음을 얻었다

붓다와 관련된 장소가 몇 군데 있는데, 특히 중요한 네 곳이 불교의 4대 성지로 정해져 있다. 그중 인도의 부다가야는 세계문화유산으로 지정되면서 더욱 유명해졌다.

불교의 4대 성지

❶ 붓다가 태어난 곳을 기념하는 마야데비 사원, 2010년, © Bibek Raj Pandeya, W-C

❷ 붓다가 이 나무 밑에 앉아 깨달음을 얻었다는, 세계에서 가장 오래된 보리수(스리마하 보리수), 2009년, 부다가야, © Ken Wieland, 세계문화유산 W-C

❸ 붓다가 깨달음을 얻고 자신을 따르던 다섯 명의 수행자들에게 설법한 차우칸디 스투파 사리탑, David Castor, W-C

❹ 붓다가 열반에 들고 화장한 자리에 세운 람바르 스투파 사리탑, 2007년

붓다가 이곳의 보리수 밑에서 깨달음을 얻었다는 이유로 후세에는 '깨달음'을 '보리'라고 말하게 되었다. 지금 있는 보리수는 초대 보리수의 가지를 꺾꽂이하여 번식시킨 것으로, 붓다 시대부터 계속 번식해 3대손에 해당한다고 한다.

그 외에도 붓다가 태어난 네팔의 '룸비니', 깨달음을 얻은 붓다가 처음으로 설법을 한 '사르나트', 붓다가 마침내 열반에 든 '쿠시나가라'가 4대 성지로 꼽힌다.

힌두교 - 바라나시의 갠지스강은 힌두교도에게 성스러운 젖줄이다

힌두교 최대의 성지는 인도 북부의 갠지스강 강가에 있는 바라나시(베나레스)이다. 이곳에는 연간 100만 명 이상의 힌두교도가 찾아오는데, 이 마을을 순례하는 일은 힌두교의 최대 행사로 꼽힌다고 한다.

갠지스강은 힌디어로 '강가(Ganga)'로도 불리는 성스러운 강인데, 힌두교도들의 삶과 직결되어 있다. 힌두교의 신 비슈누의 발가락에서 흘러나와 영혼을 구원한다고 여겨지는 강으로, 그 물에 목욕하면 죄가 씻겨서 천국에 갈 수 있다고 한다.

힌두교도는 태어난 후 갠지스강에서 세례를 받고, 죽은 후에는 갠지스 강변에서 화장되어 갠지스강에 뿌려지면, 누구나 윤회에서 해탈한다고 하여 강변 이곳저곳에서 유체를 불태우는 모습을 볼 수

갠지스강에서 매년 4만 건 이상 이루어지는 바라나시의 화장 풍경, 2007년, © Dennis G. Jarvis, W—C

있다.

전통 장례식의 화장은 사망 직후에 이루어지는데, 낮과 밤의 구분이 없이 계속 의식을 행한다. 시체가 마르면 갠지스강에 담근 후, 시체를 장작 위에 올려 불태우는데, 6시간 동안 장작을 태워야 한다.

따라서 화장하는 비용이 매우 비싸서 빈곤층 사람들은 시신을 갠지스강에 그대로 버리는 경우도 많고, 온갖 오염물질과 폐수가 정화되지 않고 강으로 바로 흘러들어 인도의 큰 골칫거리이기도 하다.

'교리'가 다른 5대 종교의 '교파'가 한눈에 보인다!

기독교 – 유일신 숭배의 가톨릭교와 동방정교, 개신교는 이것이 다르다!

어떤 조직이든 사람이 많이 모이면 파벌이 생긴다. 종교도 마찬가지이다. 그래서 같은 신을 믿는 하나의 종교에서도 교파가 나뉜다. 물론 교파에 따라 교리 해석이 달라지기도 하고, 때로는 대립이 발생하기도 한다. 26억 3,200만 명 이상의 신자가 있는 세계 최대의 종교 기독교는 크게 세 교파, 즉 가톨릭교, 개신교, 동방정교로 구분한다. 먼저 11세기 중반에 서로마제국과 동로마(비잔틴)제국의 2대 교회가 정치적인 문제와 교리 문제로 대립하면서 로마가톨릭교와 동방정교가 탄생했다. 그 후 16세기 종교개혁 때 가톨릭교의

기독교의 교파 계통도

초기 기독교

1054년에 동서로 분열

로마가톨릭교회

동방정교회

16세기 종교개혁

개신교

1534년에 분리

영국국교회

로마가톨릭교회	성공회 감리교회 등	루터파 침례교회 등	그리스 정교회
약 11억 5,000만 명	약 8,600만 명	약 4억 1,900만 명	약 2억 7,000만 명

전 세계 기독교의 교파별 분포도

가톨릭교는 서유럽과 중남미에 많고 개신교는 영국, 독일, 미국 등에 널리 분포한다. 동방정교는 그리스, 러시아에 많다.

그린란드해

북극해

그린란드

유럽

아시아

북아메리카

북대서양

아프리카

북태평양

인도양

오세아니아

기타 21%

가톨릭교 50.4%

남아메리카

동방정교 11%

개신교 18.4%

남태평양

남대서양

■ 가톨릭교   ■ 개신교   동방정교   기타

로마 교황청을 비판한 세력이 개신교로 분리되었다.

교파별 분포 상황을 보면 로마 교황을 우두머리로 하는 가톨릭교가 서구와 중남미에 주로 분포한 데 비해 개신교는 영국, 독일, 그리고 미국을 비롯한 북미에 많은 신자를 거느리고 있다. 한편 동방정교는 그리스와 러시아 등 동유럽에 주로 분포한다. 이 세 교파의 교리는 조금씩 다르다.

가톨릭교가 《성서》 외에도 세례, 고해(죄의 고백) 등의 의식과 전통을 중시하고 이혼과 낙태를 금지하는 데 반해, 개신교는 의식과 전통보다 개인의 신앙을 중시하고 이혼과 중절을 허용하는 경향이 있다. 동방정교는 이혼과 재혼을 인정하고, 예수 등의 성상(聖像, 성모 마리아나 그리스도 또는 성인들을 조각한 것으로, 이콘이라고도 한다) 숭배보다는 개인의 종교적 수양을 중요시한다는 것이 특징이다.

이슬람교 – 수니파와 시아파의 대립은 무함마드 후계자의 정통성 때문이다

이슬람교는 크게 수니파와 시아파로 나뉜다. 이 두 교파는 교조 무함마드가 죽은 후 칼리프(Kalīfah, 뒤따르는 자라는 뜻의 아랍어로 이슬람 공동체의 지도자)의 후계자 자리를 둘러싸고 대립을 일으킨 끝에 분파하게 되었다.

시아파 세력의 중심은 무함마드의 사촌이며 4대 칼리프를 지냈던 '알리', 그리고 수니파 세력의 중심은 다마스쿠스 총독이었다가

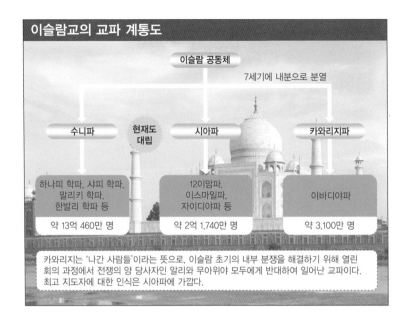

이슬람교의 교파 계통도

이슬람 공동체

7세기에 내분으로 분열

수니파	현재도 대립	시아파	카와리지파
하나피 학파, 샤피 학파, 말리키 학파, 한발리 학파 등		12이맘파, 이스마일파, 자이디야파 등	이바디야파
약 13억 460만 명		약 2억 1,740만 명	약 3,100만 명

카와리지는 '나간 사람들'이라는 뜻으로, 이슬람 초기의 내부 분쟁을 해결하기 위해 열린 회의 과정에서 전쟁의 양 당사자인 알리와 무아위야 모두에게 반대하여 일어난 교파이다. 최고 지도자에 대한 인식은 시아파에 가깝다.

알리의 사후에 칼리프가 된 우마이야 왕조의 '무아위야'이다.

무함마드의 혈통을 중시하여 알리를 지지한 사람들은 '시아트 알리(알리의 무리)'라는 조직을 결성해 이후 시아파가 되었다. 한편 무아위야의 세습 왕조를 지지한 사람들은 수니(무함마드의 가르침을 따르는 백성이라는 뜻)파가 되었다. 즉 이슬람교는 기독교처럼 교리의 차이 때문에 분파한 것이 아니라, 무함마드의 혈통을 계승했냐 아니냐가 교파를 가르는 기준이다. 사우디아라비아가 종주국인 수니파는 세계 이슬람 인구의 90%를 차지하고, 시아파는 10% 정도의 비중을 차지하며 이란과 이라크 등지에 주로 분포한다.

두 교파의 가장 큰 차이는 종교 지도자의 위치이다. 수니파는 '모든 신자는 신 앞에서 평등하다'라고 생각해 코란의 가르침을 충실하게 따를 뿐 예언자와 종교 지도자를 신격화하지 않는다. 이에 반해 시아파는 무함마드의 혈통을 최고 지도자(이맘)로 숭배하고, 종교 지도자가 정치 지도자를 겸하는 신정일치(神政一致)를 추구한다.

불교 – '상좌부불교'와 '대승불교'는 교리의 차이가 무엇인가?

불교는 동남아시아에 분포한 '상좌부불교(上座部佛敎)'와 중국과 한국, 일본 등 동아시아에 전파된 '대승불교'의 두 종파로 나뉜다. 예

불교 교파의 분포와 전파 경로

전에는 상좌부불교를 '소승불교'로도 불렀으나, 이는 '대승불교' 측에서 쓰는 이름이다. 원래는 팔리어로 '장로의 가르침'을 뜻하는 '테라와다(Theravada)'불교인데 '상좌부'로 한자 음역했다.

상좌부불교는 스리랑카, 미얀마, 태국, 라오스, 캄보디아 등 남방 국가들의 불교라고 하여 '남방불교' 또는 '남방상좌부불교'라고도 부른다. 상좌부불교는 승려들이 붓다의 가르침을 엄격히 지켜서 스스로 깨달음을 얻고자 하는 보수적인 교파이다. 반대되는 북방의 대승불교는 '북방불교'이다. 크게 보면 중국을 비롯해 한국과 일본

사르나트(녹야원)의 다메크 스투파(탑), 붓다가 35세에 최초로 설법을 시작한 곳, 유스케 가와사키, W–C

불교의 모든 교파가 대체로 '대승불교'라고 할 수 있다. 대승불교는 자신뿐 아니라 타인까지 구제하는 것이 종교적 목표이다.

티베트에서는 대승불교가 독특한 진화를 거듭해 신비성이 강한 티베트불교로 확립되었다. 스승(라마)을 중시해 라마교라고도 불리는 티베트불교는 최대 종파인 겔룩파의 수장인 간덴 트리파(간덴사 주지)가 공식적인 종교 지도자이다. 사실 티베트불교는 인도에서 불교를 직접 들여왔기 때문에 인도 불교의 직계라고도 볼 수 있다. 그리고 산스크리트어 경전을 올바르게 번역하기 위해서 티베트 문자를 새로 만들었을 정도로 정통 불교를 계승하기 위해 노력했다.

유대교 – 계율의 실천과 교리에 따라 정통파, 개혁파, 보수파로 나뉜다

유대교는 이슬람교와 달리 교리의 해석 차이에 따라 정통파, 개혁파, 보수파로 나뉜다. 현재 주류를 이루는 정통파는 유대교의 공식적인 형태이고, 매우 엄격한 조직으로 알려져 있으며, 이스라엘 최고 랍비 회의를 통해서 강력한 권력과 지위를 가지고 있다. 정통파는 모세가 물려준 계율을 중시해, 식사의 금기와 안식일 등을 철저하게 지키며 생활하는 것으로도 유명하다.

개혁파는 19세기 이후 서구와의 공생을 목적으로 생겨난 교파로, 세 교파 중에서 계율이 가장 느슨하다. 유대교의 전통적인 신앙, 율법, 의식의 상당 부분을 수정하거나 포기하고, 현대 사회에 맞추어 유대교가 갖는 거추장스러운 종교적 구속력에 반기를 든 조직이다.

유일신 사상에 관해서는 타협하지 않지만, 식사와 복장 등에 대한 계율은 시대에 뒤떨어진다며 거부하는 경향이 있다. 보수파는 정통파와 개혁파의 중간이다.

힌두교 – 하나의 신과 진리에는
여러 갈래의 길이 있을 뿐이다

힌두교의 삼위일체, 시바(왼쪽), 비슈누(가운데), 브라흐마(오른쪽). 2016년. ⓒ Saileshpat, W-C

다신교인 힌두교는 어떤 신을 믿느냐에 따라 교파가 달라진다. 2대 교파는 비슈누파와 시바파인데, 비슈누를 최고신으로 믿으면 '비슈누파', 시바를 최고신으로 믿으면 '시바파'이다. 힌두교는 유일신을 숭배하는 종교가 아니기 때문에 여러 종파의 종교적·철학적 교리나 해석을 분열로 보지는 않는다. 하나의 신과 진리에 이르는 데는 여러 갈래의 길이 있을 뿐이라고 믿는다.

비슈누파는 학문적 성격이 강하며, 비교적 사회의 중상류층이 많이 속한다. 비슈누를 믿는 사람들은 비슈누가 인간과 동물의 모습으로 지상에 현신하는 것을 믿으며, 이마에 '비슈누'를 상징하는 V자를 그려 넣고 다닌다.

한편 시바파는 수행자의 고행, 주술, 열광적인 제례 의식을 치른다. 시바를 믿는 사람들은 이마에 '제3의 눈'을 상징하는 세 개의 선을 그려 넣기 때문에, 한눈에 그 사람이 어떤 교파인지 알 수 있다.

한눈에 보는 '세계 5대 종교 비교표'

	기독교	이슬람교	불교	유대교	힌두교
교조	예수 그리스도	무함마드	붓다(석가)	모세	없음
경전	구약성서, 신약성서	코란	반야심경 등 다수	구약성서, 탈무드	베다, 마하바라다 등
숭배 대상	신, 예수, 성령	알라	붓다의 가르침	여호와 (야훼)	시바신 등 다수
계율 · 교리	성서의 가르침	육신오행 (六信五行)	삼법인 (三法印)	모세의 십계	카스트
절기	이스터 (부활절) 등	이드 알피트르 (단식이 끝났음을 축하함) 등	석가탄신일 등	유월절 (유대인의 출애굽을 기념함) 등	홀리 축제 (봄이 왔음을 축하함)
종교 시설	교회	모스크	사찰(절)	시너고그(회당)	힌두 사원
성지	예루살렘 등	메디나, 예루살렘, 메카 등	부다가야 등	예루살렘	바라나시 (베나레스)
전 세계 신자 수	26억 3,200만 명	20억 2,900만 명	5억 3,400만 명	1,500만 명	11억 1,700만 명

* 2023년 International Bulletin of Missionary Research 보고서 기준

2장

5대 종교지도로
세계 뉴스를
읽는다

미국 초대 대통령 워싱턴부터 제47대 트럼프까지 역대 대통령을 쭉 살펴보면 흥미로운 사실을 하나 알게 된다. 역대 대통령들이 거의 기독교, 그중에서도 개신교도라는 사실이다.

미국에서는 대통령의 교파가 상당히 중요한 의미가 있다. 미국은 개신교도가 세운 나라이고, 지금도 국민의 과반수가 개신교도이며, 가톨릭교 인구는 25%에 불과하다. 어쩌면 개신교 외의 종교를 믿는 인물이 대통령으로 당선되기란 어려운 일일지도 모른다.

정교분리가 원칙인 미국에서 대통령은 대부분 개신교도이다!

조지 워싱턴 이후 대통령 취임식 때
《성서》에 손을 얹고 취임 선서

　미국과 유럽 등 기독교 계열의 국가 대다수에는 정치에 특정한 종교가 개입해서는 안 된다는 '정교분리'의 원칙이 있다. 그러나 실제로 뉴스를 보면 정치와 종교의 연계가 느껴지는 장면이 종종 눈에 띄는데, 이것은 왜일까?

　그 좋은 예가 2017년 1월 20일 미국 워싱턴 D.C.에서 제45대 도널드 트럼프 대통령의 취임식이 개최되었을 때의 일이다. 취임식 선서에서 트럼프 대통령이 오른손을 들고 왼손을 《링컨 성서》와 그 위의 낡고 작은 《성서》에 얹은 모습을 본 사람이 적지 않을 것이다.

미국 대법원장 존 로버츠 앞에서 도널드 트럼프가 제45대 대통령으로 취임 선서를 하고 있는 모습.

낡고 작은 《성서》는 트럼프가 어린 시절에 사용했던 것이라고 한다.

　그런데 실제로 《성서》에 손을 얹고 취임을 선서한 대통령은 트럼프 대통령 한 사람만이 아니었다. 미국의 역대 대통령들은 모두 자신이 직접 가지고 온 《성서》에 손을 얹고 선서를 했다.

　또한 대통령의 연설에는 '신의 가호'라는 말이 당연한 듯 등장한다. 2001년 9.11 테러 이후, 당시 대통령이었던 부시도 연설 중에 "신이 우리에게 지혜를 주시고 미국을 보살펴 주시기를"이라고 말했다. 한 나라의 최고 책임자인 대통령이 이렇게 종교적인 색채를 전면에 내세우는 행동은 '정교분리'의 원칙에 어긋나지 않을까?

정교분리 원칙에 대한 미국식 해석은
'교회와 국가의 분리'를 의미한다

대부분 국가에서 정교분리의 원칙을 내세우는 것은 정치 세력과 종교 세력 사이의 갈등이나 종교 간의 다툼을 피하기 위함이다. 유럽은 몇 세기나 지속된 종교 전쟁이 다시 일어나지 않도록 '국교'를 정하지 않고 모든 종교를 허용하는 '신앙의 자유'를 선포했다.

미국도 청교도(개신교의 일파)를 중심으로 탄생한 기독교 계열 국가이지만, 교파 간의 분쟁을 방지하기 위해 미국 헌법에 종교의 자유를 보장해 놓았다. 그런데 왜 정치 현장인 대통령 취임식에서 《성서》에 손을 얹고 취임 선서를 하는 행위가 허용되는 것일까? 그 배경에는 정교분리에 대한 미국 나름의 독특한 해석이 있다.

정교분리 원칙에 대한 미국식 해석은 미국 헌법의 'Separation of Church and State(교회와 국가의 분리)'라는 말에서도 엿볼 수 있다. 정치에 종교를 끌어들이지 않는 '정치와 종교의 분리'가 아니라, 어디까지나 교회가 국가에 간섭하지 않는 '교회와 국가의 분리'를 의미한다.

미국 헌법에도 '특정 종교를 우대하지 않는다'라는 조항은 있지만, '국가의 종교 활동을 전면 금지한다'라는 조항은 없다. 다시 말해 미국의 정교분리란 '특정 종교가 국가에 영향을 미치지 않도록 한다'라는 의미로 한정해야 한다. 따라서 '정치로부터 종교를 완전히 배제하는 것은 아니다'라는 것이 미국식 정교분리의 원칙이라고 이해하면 되겠다. 따라서 대통령이 취임식에 자신의 《성서》를 가져오고, 또 연설 내용에 기독교도로서의 종교성을 적극적으로 표출하더라도 헌법에 어긋나지 않는다.

물론 미국에는 이슬람교나 불교를 믿는 사람도 있지만, 앞서 말했다시피 미국은 원래 기독교의 기반 위에 세워진 나라이기 때문에 이런 관례가 전혀 문제 될 것이 없다. 앞으로 기독교 외 다른 종교를 믿는 대통령이 선출된다면 이런 관습이 또 어떻게 바뀔지 모르지만 당분간 그런 일은 없을 것으로 보인다.

미국 대통령 역대 중 가톨릭교도는 아일랜드계의 케네디와 바이든이 유일

미국 초대 대통령 워싱턴부터 제47대 트럼프까지 역대 대통령을 쭉 살펴보면 흥미로운 사실을 하나 알게 된다. 역대 대통령들이 거의 기독교, 그중에서도 개신교도라는 사실이다. 또 이렇게 편중된 결과가 나온 데에는 미국의 종교적인 배경이 함께한다.

미국에서는 대통령의 교파가 상당히 중요한 의미가 있다. 미국은 개신교도가 세운 나라이고, 지금도 국민의 과반수가 개신교도이며, 가톨릭교 인구는 25%에 불과하기 때문이다. 어쩌면 개신교 외의 종교를 믿는 인물이 선거에서 대통령으로 당선되기란 상당히 어려운 일일지도 모른다.

또 설사 개신교도라도 미국에서는 와스프(WASP)가 아니면 대

역대 미국 대통령의 '편중된' 기독교 교파

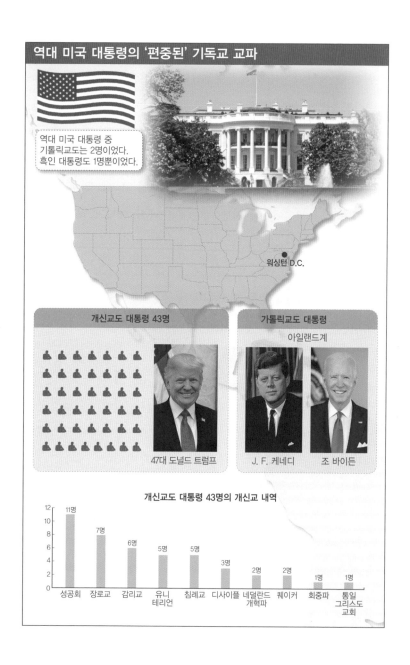

역대 미국 대통령 중
가톨릭교도는 2명이었다.
흑인 대통령도 1명뿐이었다.

워싱턴 D.C.

개신교도 대통령 43명

47대 도널드 트럼프

가톨릭교도 대통령

아일랜드계

J. F. 케네디   조 바이든

개신교도 대통령 43명의 개신교 내역

성공회	장로교	감리교	유니테리언	침례교	디사이플	네덜란드 개혁파	퀘이커	회중파	통일 그리스도 교회
11명	7명	6명	5명	5명	3명	2명	2명	1명	1명

통령에 당선되기 어렵다는 게 정설이다. WASP란 'White, Anglo-Saxon, Protestant'의 첫 글자를 딴 말로, 백인에 앵글로색슨계 혈통이고 개신교도인 사람을 뜻한다. 즉 미국 상류사회의 주류를 이루는 집단을 통칭하는 말이기도 하다.

이들은 영국을 비롯한 유럽 여러 나라에서 신대륙으로 건너온 이민자의 후손이고, 미국 건국 당시부터 미국 땅에서 살아온 미국인들이다. 항간에는 예나 지금이나 미국의 상류층과 주류 사회를 형성한 와스프가 정·재계를 좌지우지하며, 대통령 선거에서도 와스프냐 아니냐가 큰 영향을 미친다는 소문이 있을 정도이다.

하지만 100% 순수한 것은 드문 법이다. 역대 대통령 중에서 개신교도가 아닌 대통령도 두 명이 있었다. 바로 35대 대통령을 지낸 J. F. 케네디와 46대 대통령 조 바이든이 그 주인공들이다.

케네디 대통령은 아일랜드계 백인 이민자로 가톨릭교도이다. 따라서 그가 1960년 대통령 선거에 출마했을 때, 보수파 개신교계는 성직자를 중심으로 똘똘 뭉쳐 "백악관이 바티칸(가톨릭교 총본산)에 지배당할 것이다", "케네디 정권은 로마 교황의 꼭두각시가 될지 모른다"라는 등의 선동적인 슬로건을 내걸고 노골적으로 낙선 운동을 벌이기도 했다.

하지만 미국 최연소 대통령에 뽑힐 만큼 혁신적이었던 케네디 대통령은(만 43세) 개신교계의 반대에 맞서 "나의 신앙과 조국에 대한 충성은 별개이다"라고 선언했다. 그리고 "조국에 성심을 다하고 조국에 대해서는 다른 나라의 간섭을 받지 않겠다"라는 '정교분리'의 입장을 호소한 끝에 당선되었다.

미국에서도 유명한 억만장자의 아들로 하버드대학교를 우등으로 졸업했지만, 잉글랜드계가 아닌 아일랜드계였기에 감히 와스프에는 끼지 못했던 케네디 대통령처럼 흑인 혼혈인 오바마도 와스프와는 거리가 먼 대통령이었다.

그래도 그가 2009년에 흑인 혼혈 대통령으로 당선되고 연임까지 한 것은 독실한 개신교도의 신앙이 그 첩경이었음을 누구도 의심하지 않는다. 하지만 비와스프이자 아일랜드계 가톨릭 신자인 조 바이든이 대통령에 당선된 것을 보면 이제 미국에서 와스프의 영향력은 점점 줄어드는 것으로 보인다.

미국 정계에 영향력을 행사하는 '바이블 벨트'의 기독교 교파들

개신교 중에서도 보수주의 성향이 강한 복음파는 '기독교 원리주의'로 불린다

미국의 최대 종교 세력은 개신교인데, 그중에서도 정치적 영향력이 매우 커진 일파가 있다. 바로 '복음파(Evangelical)'인데, 이들은 개신교 중에서도 보수적인 성향을 지녀 '기독교 원리주의'라고도 불린다.

어떤 조사에서는 미국 내 복음파 신자가 7,000만 명(미국 인구의 25~30%)에 달하는 것으로 나타났다. 이들 대부분은 '바이블 벨트 (Bible Belt)'로 불리는 미국 중남부에서 동남부 사이에 거주하므로, 그 지역에서는 복음파가 확실한 우위를 드러낸다.

바이블 벨트는 복음파 개신교도 및 공화당 지지자가 주를 이루는 최소 9개의 주(오클라호마, 아칸소, 루이지애나, 테네시, 앨라배마, 조지아, 미시시피, 노스캐롤라이나, 사우스캐롤라이나)에 걸쳐 있다. 또한 비근한 예로 47대 대통령으로 당선한 도널드 트럼프는 2024년 대선 당시 미국 동남부에 걸친 모든 바이블 벨트 주에서 승리해서 기선을 잡은 바 있다.

복음파가 다른 개신교와 차이가 나는 점은 무엇일까? 가장 특징적인 점은 《성서》를 문자 그대로 해석한다는 것이다. 《성서》를 전혀 오류가 없는 신의 말씀으로 받아들여 삶의 규범으로 삼는다.

그러므로 그들에게 진화론과 동성 결혼 등 《성서》에 모순되는 모든 주장과 행위는 죄악이다. 또 복음파 개신교도는 일요일마다 초대형 교회에 나가서 예배를 드리고, 수요일 저녁에는 성서연구회에 참석한다. 독실한 신자 중에는 아침이나 저녁에 가족이 모두 모여 《성서》를 읽는 등 매일 《성서》를 접하는 사람도 적지 않다.

47대 미국 대통령 선거에서 트럼프는 '바이블 벨트'에서 복음파 지지로 압승

개신교의 복음파가 미국에서 정치적으로 대두된 시기는 1970~1980년대였다. 먼저 진보적 기독교 단체의 흑인 민권운동으로 기독교가 정치에 뛰어들었고, 이에 반발한 기독교 근본주의도 세력을 넓혀나갔다. 이처럼 정치적 입장에 따라 종교 단체가 분열

바이블 벨트를 이루고 있는 미국의 교회들

바이블 벨트(Bible Belt)는 미국 중남부에서 동남부를 중심으로, 근본주의 기독교가 강세를 보이는 지역이다. 미국에서 가장 교세가 큰 남침례교를 중심으로 한 미국 내 보수 개신교단들의 근거지이기도 하다.

영국의 개신교도들이 17세기에 미국 남부를 개척했다.

허드슨만

휴스턴 레이크우드 처치
《긍정의 힘》을 쓴 조엘 오스틴 목사가 이끄는 교회로, 미국에서 가장 큰 교회이다.
텍사스에는 17개의 대형 교회가 있다.

일리노이주의 윌로우크릭 커뮤니티 교회는 미국에서 3번째로 큰 초대형 교회이다.

캐나다

영국

버지니아주의 린치버그에는 세계에서 가장 큰 복음대학교인 리버티 대학교가 있다.

캘리포니아주는 바이블 벨트와는 별개로 15개의 대형 교회가 있다.

미국

바이블 벨트

북대서양

북태평양

테네시주의 내슈빌에는 많은 신학교와 700여 개의 교회가 몰려 있다. 세계에서 가장 큰 성경책 제작 업체와 교회 관련 출판사가 포진하고 있다.

멕시코만

멕시코

미국에서 두 번째로 큰 교회인 노스포인트 커뮤니티 처치를 위시해 조지아주에는 9개의 대형 교회가 있다.

노스캐롤라이나의 잭슨빌은 미국 침례교의 근거지이고, 샬럿은 복음주의 목사 빌리 그레이엄의 고향이며, 남부 장로교의 본부가 있다.

플로리다주에는 6개의 대형 교회가 있다.

✝ 일요일 예배 참가자가 2,000명이 넘는 복음파 초대형 교회

하면서 공화당이 복음파 세력에 주목해, 정책(매니페스토)을 수립하는 과정에서 그들의 의견을 적극적으로 수렴하기 시작했다.

그 후 1980년에는 레이건이 '가족'의 가치를 호소함으로써 복음파 중에서도 특히 보수적인 '종교 우파'의 표를 얻어 대통령으로 당선되었다. 2004년에 부시가 재선에 성공한 것도 임신 중절과 동성 결혼 반대를 전면에 내세워 복음파의 지지를 무려 80%나 얻은 덕분이라고 한다. 이처럼 복음파는 미국 선거에서 결코 무시할 수 없는 거대한 세력이다.

한편 바이블 벨트는 보수적인 개신교 지도자들의 정치적 영향력 확대 현상의 진원지이기도 하다. 정치계 및 종교계의 지도자가 겹치는 현상도 빈번하다. 또한 이 벨트의 중심에는 주의회 의원의 80% 이상이 공화당원일 정도로 종교적인 분위기가 짙은 오클라호마주가 있다.

그래서인지 미국의 대통령 선거 운동에서는 어떤 후보든 동남부를 중심으로 하는 바이블 벨트의 초대형 교회부터 순회하며 선거 운동을 하는 것이 상식처럼 여겨질 정도이다. 그만큼 복음주의 개신교도들의 파워가 매우 강력하다는 의미이다.

개인의 행복과 건강에까지 영향을 미치는 복음파 교리는 세계에도 널리 보급되고 있다. 따라서 종교와 정치를 접합하려는 복음파의 정치적 영향력은 여전히 미국 사회에 지배적이긴 하다. 하지만 이 바이블 벨트가 어떻게 변할지에 대해서는 아무도 예측할 수 없고, 여전히 이들의 파워도 무시할 수 없다.

47대 미국 대통령 선거에서 트럼프는 바이블 벨트에서 복음파의 지지로 압승을 거두었다. 그러나 바이블 벨트에서도 조지아주와 노스캐롤라이나주는 '스윙 스테이트'로 대선 때마다 공화당과 민주당의 지지가 뒤바뀌고 있다. 2000년 이후 남부 지역에 첨단 기술기업들이 진출하면서 젊은층을 중심으로 다양한 인종과 계층의 인구가 유입되고, 정치 성향에도 변화가 생기고 있다는 데이터가 쏟아지고 있다.

톰 크루즈로 유명한 '사이언톨로지교' 등 신흥 종교들이 세력을 확대하고 있다

요즘은 나라별로 19~20세기 전반에 각각 창설된 신흥 종교가 주목을 받고 있는데, 미국에서도 기독교계의 신흥 종교가 세력을 점차 확대하고 있다.

대표적으로는 《신세계 성서》라는 독자적인 성서를 쓰는 '여호와의증인(Jehovah's Witnesses)'과 여호와의증인에서 가지를 친 '크리스천사이언스(Christian Science)', 그리고 할리우드의 유명 연예인들을 통해 더 유명해진 '사이언톨로지교(Church of Scientology)'를 들 수 있다.

여호와의증인은 1870년 미국의 성서학자인 찰스 테이즈 러셀(Charles Taze Russell)이 성경 연구 모임을 조직하면서부터 시작된 기독교계의 신교파로, 기독교의 중심 교리인 삼위일체, 지옥, 영혼 불

여호와의증인 교주로 알려진 찰스 테이즈 러셀, 1917년, 미국 의회도서관

멸 등을 배척한다. 성직자 계급이 없고 십일조가 없는 것도 특징이다.

이들은 모든 정치 활동에서 중립을 유지하며, 평화와 사랑을 실천한다는 이유로 병역을 거부하고 전쟁에도 참여하지 않는다. 도덕적으로도 매우 엄격하고 간음 이외의 이혼을 금지하고, 《성서》를 근거로 수혈 치료도 거부한다.

여호와의증인 신도들은 《성서》 전체가 하나님의 왕국을 나타낸다고 믿으며, 교회를 왕국회관으로 부른다. 또한 신도들은 일반 가정을 일일이 방문을 통해 전도하며, 포교 목적으로 《파수대》 등의 출판물을 발행하고 있다. 2022년을 기준으로, 약 880만 명의 회원 수를 보고하고 있으며, 대한민국에는 약 11만 명의 신자들과 약 1,200개의 회중(왕국회관)이 있다.

한편 신앙으로 죄악과 질병을 치유할 수 있다고 가르치는 '크리스천사이언스(과학자기독교회)'도 있다. 크리스천사이언스는 여호

M. B. 에디, 2010년, © H. G. Smith

와의증인을 창설한 교주 찰스 테이즈 러셀의 아내이자 미국의 종교가 M. B. 에디(Mary Baker Eddy) 부인이 이혼하고 1866년에 창시한 신흥 종교로, 미국과 영국에 열렬한 신봉자가 많다.

질병, 슬픔, 비극을 빼면 인생에 대해 아는 것이 없었다는 M. B. 에디는 종교를 통해 "인간 정신·신·그리스도는 일체이다. 병이란 잘못의 주관적인 상태에 지나지 않으므로, 이 잘못을 제거하면 병이 낫는다. 이를 실행한 것이 예수 그리스도이며, 그를 본받으면 병을 고칠 수 있다"라고 주장한다.

또한 이들은 이런 이론과 인간의 지적 오만함을 경계하는 심리 요법을 신앙의 근거로 삼아 환자를 치유하며 신자를 늘려나가고 있다. 빈민구제소에서 죽음을 맞았던 M. B. 에디는 "Human pride is human weakness(인간의 자만은 인간의 약점이다)"라는 유명한 말을 남기기도 했다.

무한한 미래를 기대한다는 미국 뉴욕 사이언톨로지교회의 2024년 신년 행사.

　미국 종교의 주류인 개신교는 물론 '여호와의증인'이나 '크리스
천사이언스'와도 방향이 완전히 다르며, 신자의 수도 그리 많지 않
지만, 조용히 약진하고 있는 '사이언톨로지교'도 있다.

　사이언톨로지교는 L. 론 허버드(미국의 '펄프 매거진' 저자이자 공상과
학 소설가로 1986년에 사망)가 1954년에 창설했는데, 사이언톨로지(진
리 탐구)를 실천하는 종교이다. 인간을 영적인 존재라고 믿으며, 과
학기술을 통한 정신 치료와 윤회를 믿는다. 이 종교의 최종 목표는
사람들을 청명한 상태로 만들어 전쟁, 범죄, 마약 등이 사라지게 하

유타주 솔트레이크의 모르몬교 성전, 2008년, ⓒ 모르몬교 성도 찍음, W-C

는 것이라고 한다.

1950년대부터 '프로젝트 셀러브리티(Project Celebrity)'를 내걸고 할리우드 스타나 유명인들을 적극적으로 포섭해서 교세를 확장했으며, 전 세계적으로 약 10~20만의 신자가 있는 것으로 추정된다.

세계적인 스타 톰 크루즈, 존 트라볼타, 더스틴 호프만, 제니퍼 로
페즈, 재즈 뮤지션 칙 코리아 등이 주요 신자로 알려져 있다. 다만
벨기에, 독일 등 몇몇 유럽 국가는 사이언톨로지교를 불법 종교 단
체로 치부해 정식 종교로 인정하지 않고 있다.

밋 롬니 등 대통령 후보 2명을 배출한
모르몬교 정치력의 원천은 무엇인가?

신흥 종교 중에서도 정치적인 영향력이 크게 확대된 교파는 바로
모르몬교이다. 정식 명칭이 '예수 그리스도 후기성도교회'인 이 교
파는 1830년에 미국인 조셉 스미스(Joseph Smith)에 의해 설립되었
다. 처음에는 뉴욕주에서 시작하였다가 탄압에 못 이겨 지금의 유
타주 솔트레이크시티로 본거지를 옮겼다.

모르몬교의 교리는 매우 엄격하다. 신자들은 담배와 술은 물론
커피 등 카페인도 일절 금해야 하며, 채식 위주의 식사만 허용한다.
그리고 자비를 들여 해외 선교도 해야 한다. 이들은 한때 《구약성
서》에 기초한 일부다처제를 권장하고 실천한 탓에 '사교'라는 비판
을 많이 받았다.

하지만 미국 의회와 아이다호주와 애리조나주에서 일부다처제를
격렬하게 반대하자, 이들은 1890년부터 공식적으로 일부다처제를
금지했다. 또한 모르몬교는 여호와의증인이나 크리스천사이언스교
와 마찬가지로 정통 기독교의 일파로는 인정받지 못하고 있다.

밋 롬니

존 헌츠먼

그러나 모르몬교는 적극적인 광고 전략과 이벤트로 신자 수를 점차 늘려가고 있다. 뉴욕의 브로드웨이에서 뮤지컬을 공연한다거나, 타임스스퀘어(Times Square)에 거대한 광고판을 내거는 등 포교를 위한 캠페인을 대대적으로 전개하고 홍보해 교세를 확장하는 것이다.

교단의 보고에 따르면, 모르몬교도는 2022년을 기준으로 세계 185개국에 1,700만 명이며, 그중 미국 내 신자만 약 658만 명(전체 인구의 1.7%)에 이른다.

2011년에는 모르몬교의 정치적인 영향력을 여실히 보여주는 사건이 일어나기도 했다. 당시 공화당의 차기 대통령 후보자 7명 가운데 2명이 모르몬교도였다. 한 사람은 공화당 대통령 후보로 선출

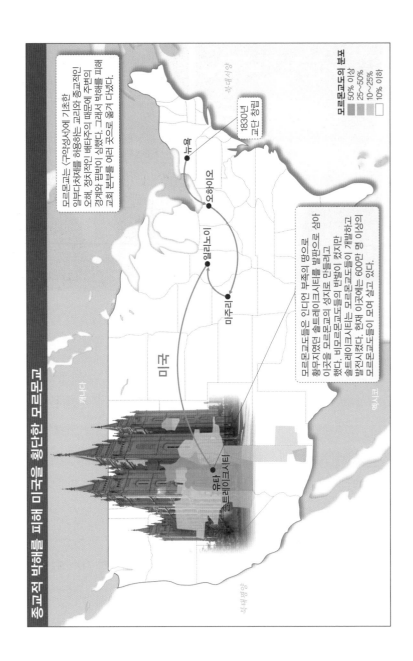

종교적 박해를 피해 미국을 횡단한 모르몬교

모르몬교는 《구약성서》에 기초한 일부다처제를 허용하는 교리와 종교적인 오해, 정치적인 배타주의 때문에 주변의 경계와 멸시이 심했다. 그래서 박해를 피해 교회 본부를 여러 곳으로 옮겨 다녔다.

1830년 교단 창립

모르몬교도들은 인디언 부족이 많으로 황무지였던 솔트레이크시티를 밧면으로 삼아 이곳을 모르몬교의 성지로 만들려고 했다. 비모르몬교도들의 반발이 있었지만 솔트레이크시티는 모르몬교도들이 개발하고 발전시켰다. 현재 이곳에는 600만 명 이상의 모르몬교도들이 모여 살고 있다.

모르몬교도의 분포
- 50% 이상
- 25~50%
- 10~25%
- 10% 이하

되어 2012년 대선에 출마했던 전 매사추세츠 주지사인 밋 롬니이다. 그는 2008년 대통령 예비선거에도 출마를 선언했다가 존 매케인에게 패배하기도 했다.

또 한 사람은 전 유타 주지사이자 오바마 정권 시절에 주중 대사를 역임했던 존 헌츠먼이다. 그는 2012년 공화당 대선 예비후보로 출마했던 정계의 기대주로, 전 세계 금융시장에 영향력을 행사하는 로스차일드가의 지원을 받는다고 알려져 있다.

개신교도 출신의 대통령 후보가 압도적인 다수를 차지하는 미국에서 모르몬교 출신의 대통령 후보를 같은 시기에 2명이나 배출한 것을 보면 모르몬교의 정치력을 실감할 수 있다.

참고로 미국 유권자 중 약 70%는 '대통령 후보자가 모르몬교를 믿어도 상관없다'라고 생각하는 것으로 나타난 여론조사도 있다. 그만큼 모르몬교에 대한 종교적 편견이나 저항이 거의 없다는 뜻이다. 당시 공화당 소속의 두 사람에게 세간의 관심이 쏠렸지만, 존 헌츠먼은 후보를 사퇴했고, 경선 결과 밋 롬니가 압승을 거두었다. 그러나 본선인 대통령 선거에서는 접전 끝에 오바마가 밋 롬니를 누르고 재집권에 성공했다.

튀르키예가 EU에 가입할 수 없는 '종교적 이유'는 무엇일까?

튀르키예가 EU 가입을 거절당한 이유는 쿠르드족에 대한 인권 탄압 때문일까?

유럽 각국의 정치, 경제를 통합할 목적으로 설립된 EU(유럽연합)는 가맹국을 순조롭게 늘려 현재 27개국을 거느리게 되었다. 그런데 EU의 전신인 EC(유럽공동체)에 준 가맹국으로 참가했지만 지금도 EU에 가입하지 못하는 나라가 있다. 바로 유럽과 아시아를 연결하는 접점에 있는 튀르키예이다. 튀르키예는 아이슬란드, 세르비아와 함께 아직도 EU 가입 후보국이다.

EU에 가입하면 관세의 철폐와 인하 등의 교역 혜택이 주어지는데다, 사람들의 국가 간 이동이 자유로워진다. 그래서 튀르키예는

기독교 EU와 이슬람교 튀르키예의 종교적 차이

유럽과 아시아의 접점에 위치한 튀르키예는 아직도 EU에 가입하지 못하고 있다. EU는 튀르키예 정부의 쿠르드족 탄압과 키프로스 분쟁을 문제 삼으며 가입을 거절하고 있는데 가장 큰 이유는 '종교'로 알려져 있다. 즉 EU 가맹국은 대부분 기독교 문화권에 속해 있는 반면, 튀르키예는 정교가 분리되어 있지만, 이슬람교도가 대다수인 나라이기 때문이다. 이것이 EU 가입에 큰 걸림돌이 되고 있다.

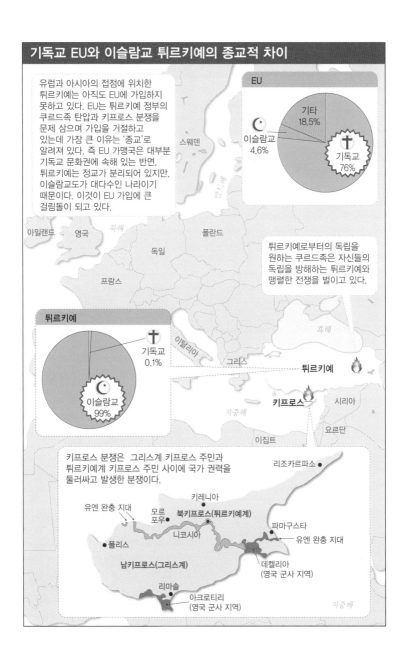

EU

기타 18.5%
이슬람교 4.6%
기독교 76%

튀르키예로부터의 독립을 원하는 쿠르드족은 자신들의 독립을 방해하는 튀르키예와 맹렬한 전쟁을 벌이고 있다.

튀르키예

기독교 0.1%
이슬람교 99%

스웨덴
아일랜드 영국 북해 폴란드
독일
프랑스
이탈리아
그리스
흑해
튀르키예
키프로스 시리아
지중해
이집트 요르단

키프로스 분쟁은 그리스계 키프로스 주민과 튀르키예계 키프로스 주민 사이에 국가 권력을 둘러싸고 발생한 분쟁이다.

리조카르파소
키레니아
유엔 완충 지대
모르포우 북키프로스(튀르키예계)
니코시아 파마구스타
폴리스 유엔 완충 지대
남키프로스(그리스계) 데켈리아 (영국 군사 지역)
리마솔
아크로티리 (영국 군사 지역)
지중해

어떻게든 가입하려고 했지만, 오랫동안 후보 상태를 벗어나지 못하고 있다. 튀르키예가 EU 가입을 거절당한 이유는 표면적으로 불안정한 정치 정세와 민주주의의 억압, 그리고 소수 민족 쿠르드족에 대한 인권 탄압 등으로 알려져 있다. 그러나 사실상 가장 큰 이유는 '종교' 문제라고 한다.

지도를 보면 바로 알 수 있듯이, EU 가맹국은 대부분 기독교 문화권에 속해 있다. 소위 '크리스천 클럽'이다. 반면 튀르키예는 헌법상 정교가 분리된 공화국이긴 하지만 이슬람 문화권에 속해 있다. 이것이 EU 가입에 가장 큰 걸림돌로 작용하는 것이다.

이슬람교도와 기독교도의 마찰로
튀르키예의 EU 가입은 오리무중

EU 국가들은 튀르키예인의 대량 유입으로 인한 정치적, 경제적 혼란을 두려워하고 있다. 유럽으로 대거 유입될 튀르키예인 중에는 테러 행위에 가담하거나 지원하는 이슬람 과격파가 포함될 가능성도 높기 때문이다. 또 튀르키예에서 온 이민자들이 저임금 노동자로 일하면서 자국민의 실업률이 높아질 우려도 있다. 이로 인해 자국의 기독교도와 튀르키예에서 온 이슬람교도 사이에 일자리를 놓고 충돌할 여지가 생기는 것이다. 거기에다 만에 하나 '종교적 차별'이 결부되기라도 하면 불에 기름을 붓듯이 종교 문제로 비화할 수 있는 개연성을 우려하는 것이다.

실제로 20세기 중반부터 튀르키예인의 이민을 받아들인 독일의 경우, 현재 극우 세력들이 종종 외국인 배척 운동을 벌이고 있을 정도로 사회문제가 되고 있다. 튀르키예인은 아니지만 프랑스에서도 구 식민지인 알제리 등에서 들어온 이슬람교도와 기독교도 사이의 마찰이 끊이질 않고 테러로 이어지는 등 사회 불안이 계속되고 있다.

튀르키예를 EU와 이슬람 세계를 연결하는 다리로 활용하자는 의견도 있지만, 최근에는 영국의 EU 탈퇴 선언과 튀르키예 내부에서 점점 세력을 확대하고 있는 이슬람 원리주의가 EU 가입의 장벽으로 작용하고 있다. 튀르키예가 종교의 벽을 넘어 EU에 가입할 수 있을지는 여전히 오리무중이다.

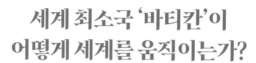

세계 최소국 '바티칸'이
어떻게 세계를 움직이는가?

교황은 약 14억 명 세계 가톨릭교도의
신앙적 지주이자 최고 지도자이다

바티칸시국은 세계에서 가장 작은 나라이다. 이탈리아 로마 시내에 위치한 이 나라의 면적은 겨우 0.44㎢(경복궁의 약 1.3배에 해당하는 면적), 인구는 764명(2023년 기준)이다. 수입원도 관광 수입과 세계 각국에 있는 바티칸 소유의 부동산 임대료 정도에 불과하다. 3,000명쯤 되는 로마 교황청 직원은 대부분 이탈리아 국적을 가지고 있다.

그런데 이렇게 작은 나라가 사실은 세계를 움직일 만큼 큰 영향력을 행사하고 있다. 세계의 이목을 집중시키는 국가 간의 여러 분

세계 최소 국가 바티칸의 거대한 영향력

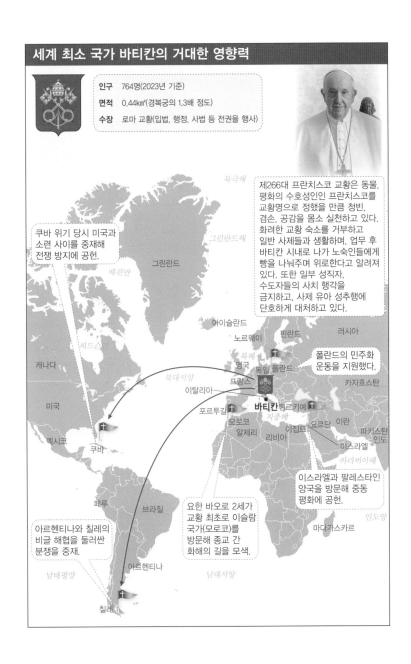

인구 764명(2023년 기준)

면적 0.44km²(경복궁의 1.3배 정도)

수장 로마 교황(입법, 행정, 사법 등 전권을 행사)

쿠바 위기 당시 미국과 소련 사이를 중재해 전쟁 방지에 공헌.

제266대 프란치스코 교황은 동물, 평화의 수호성인인 프란치스코를 교황명으로 정했을 만큼 청빈, 겸손, 공감을 몸소 실천하고 있다. 화려한 교황 숙소를 거부하고 일반 사제들과 생활하며, 업무 후 바티칸 시내로 나가 노숙인들에게 빵을 나눠주며 위로한다고 알려져 있다. 또한 일부 성직자, 수도자들의 사치 행각을 금지하고, 사제 유아 성추행에 단호하게 대처하고 있다.

폴란드의 민주화 운동을 지원했다.

요한 바오로 2세가 교황 최초로 이슬람 국가(모로코)를 방문해 종교 간 화해의 길을 모색.

이스라엘과 팔레스타인 양국을 방문해 중동 평화에 공헌.

아르헨티나와 칠레의 비글 해협을 둘러싼 분쟁을 중재.

북극해 / 그린란드해 / 그린란드 / 배핀만 / 허드슨 / 아이슬란드 / 노르웨이 / 핀란드 / 러시아 / 북해 / 영국 / 독일 / 폴란드 / 캐나다 / 북대서양 / 이탈리아 / 프랑스 / 카자흐스탄 / 미국 / 포르투갈 / 지중해 / **바티칸** / 튀르키예 / 멕시코 / 쿠바 / 모로코 / 알제리 / 리비아 / 이집트 / 요르단 / 이란 / 파키스탄 / 인도 / 이스라엘 / 아라비아해 / 페루 / 브라질 / 인도양 / 아르헨티나 / 남태평양 / 칠레 / 남대서양 / 마다가스카르

성 베드로 대성당의 돔에서 바라본 로마, © Diliff, W-C

쟁을 중재할 뿐만 아니라, 강대국의 분쟁 당사자도 정면에서 비판
할 수 있는 종교적 권위를 가지고 있다. 그것은 바티칸시국이 가톨
릭교의 총본산인 교황청이고, 또 로마 교황은 약 14억 명에 이르는
전 세계 가톨릭교도들을 이끄는 신앙적 지주이자 최고 지도자이기
때문이다.

국가의 수장인 동시에 교회의 수장이기도 한 로마 교황은 100만
명이 넘는 세계 가톨릭교 성직자의 우두머리로서 정치, 경제, 문화
등 다양한 분야에서 영향력을 행사한다. 2000년의 역사를 가진 로

마 가톨릭교회의 현재 교황은 제266대 교황 프란치스코이다.

주교를 임명하는 서임권을 둘러싸고 신성로마제국(독일) 황제와 교황이 싸운 사건, 흔히 '카노사의 굴욕'으로 불리는 이 역사적인 사건도 신정일치 시대 교황의 위세를 보여주는 좋은 예이다.

1076년, 신성로마제국의 왕 하인리히 4세가 당시 교황 그레고리우스 7세에게 파문당한 후, 추운 겨울 알프스산맥의 험준한 산길을 넘어 북이탈리아의 카노사성으로 찾아갔다. 황제는 눈 쌓인 성문 앞에 맨발로 3일간 무릎을 꿇고 용서를 구한 후에야 굴욕적으로 사면을 받았다. 교황이 황제를 파문하고 사면한 사건은 세속의 왕권이 로마 교황청의 종교 권력에 굴복했음을 상징하는 역사적 사건으로 기록되어 있다.

요한 바오로 2세는 '교황 외교'로 세계의 정치와 경제를 움직였다

2005년에 타계한 교황 요한 바오로 2세는 30년 가까이 가톨릭교회를 이끌면서 종교 문제뿐만 아니라 세계 각지에서 발생하는 정치 사회 문제의 해결에도 큰 영향력을 행사한 상징적인 인물이다.

1979년, 요한 바오로 2세는 비글 해협의 해양권을 둘러싼 아르헨티나와 칠레의 분쟁을 중재해 전쟁을 사전에 방지했다. 또 동서 냉전 말기에는 자신의 조국 폴란드의 민주화 운동을 지원함으로써 동유럽에서 공산주의 정권의 붕괴를 앞당기는 데 많은 영향을 미쳤

카노사의 하인리히 4세, 1862년, 에두아르트 슈보이저, 독일 뮌헨 막시밀리아네움 재단

다. 한편 그는 미국의 이라크 공격을 강하게 비판하는 등 강대국의 부도덕한 행위에도 눈을 감거나 침묵하지 않았다.

이처럼 요한 바오로 2세는 국제 사회에 적극적으로 나서서 발언하는 '교황 외교'를 구사함으로써 세계의 정치와 경제를 움직이는 '해결사' 같은 존재였다. 신앙의 세계에만 머물지 않고, 세계의 정치와 경제에까지 영향력을 미치는 작은 나라 바티칸시국이 가진 놀라운 힘이다.

한편 현재의 프란치스코 교황(266대)은 가톨릭 역사상 최초의 남아메리카 대륙 출신의 교황이다. 아르헨티나 부에노스아이레스 태생으로 대주교와 추기경을 거쳐, 베네딕토 교황이 고령을 이유로 스스로 사임하자 후임 교황으로 선출되었다.

프란치스코는 성직 생활을 하는 동안에도 항상 검소함과 겸손함을 유지해 교계 안팎에서 신망과 존경을 받았다. 그리고 사회적 소외자들, 특히 가난한 사람에 관한 관심과 관용을 촉구하는 교황으로도 유명하다.

2013년에 로마 교황에 취임한 그는 2014년에 미국의 《포춘(Fortune)》 잡지가 뽑은 세계에서 가장 영향력 있는 리더 50인 중 1위에 선정되기도 했다. 2019년에는 잡지 《타임》이 선정한 세계에서 가장 영향력 있는 100인에도 들어갔다. 그는 미국과 쿠바가 화해하는 데 기여하고, 또 미국의 시리아 공습을 반대해 시리아를 보호하기도 했다.

57개국의 '이슬람협력기구'는
EU 같은 경제 공동체가 목표

왕정과 신정일치 체제를 유지하는
이슬람 국가는 독재 정권이 많다?

　세계 각국의 정치 체제를 살펴보면 흥미로운 사실을 발견하게 되는데, 이슬람권 국가에 유난히 왕정 체제와 독재 정권이 많다는 사실을 하나의 예로 들 수 있다. 그런 만큼 민주화 운동도 매우 활발하다.

　2010년 12월, 북아프리카의 작은 나라 튀니지에서 시작된 민주화 운동은 이집트, 리비아, 예멘, 사우디아라비아로 순식간에 확대되었다. 이것이 소위 '아랍의 봄'이다. 이 나라들은 모두 이슬람교도가 대다수로, 왕권 통치와 독재 정치가 장기 집권으로 이어지면서 국민의 불만이 쌓인 탓에 민주화 운동이 동시다발적으로 일어났다.

미국의 국제 인권 단체 프리덤하우스의 조사에 따르면, 튀니지, 이집트, 사우디아라비아, 시리아, 카타르, 아랍에미리트(UAE. 아라비아반도 남동부에 페르시아만을 끼고 있으며, 아부다비, 두바이, 샤르자, 아지만, 움알쿠와인, 라스알카이마, 푸자이라 등 7개의 토후국으로 이루어진 연방. 수도는 아부다비이며 최대 도시는 두바이이다) 등 이슬람교도가 대다수인 지역에서는 시민에게 정치적인 권리나 자유가 보장되지 않고 강권 정치를 하는 사례가 많다. 더불어 예전의 중동 지역은 공공장소에서 정치 이야기를 하는 것이 법으로 금지되었을 만큼 독재 권력의 통치가 일반화된 지역이기도 했다.

그렇다면 이슬람 국가에 독재 정권이 많은 이유는 무엇일까? 이슬람교의 신앙 철학과 근대 민주주의의 사회 철학이 일맥상통하지 않는 게 가장 큰 이유이다. 이슬람 국가의 '법'은 사람들의 사회적 약속이나 계약을 근거로 결정한 법률이 아니다. 신의 계시인《코란》을 기준으로 정해졌기 때문에 일반 사람들의 이해관계를 반영할 수 없는 것은 당연하다.

우선 이슬람교에서는 어떤 경우라도 신의 존재가 절대적이다. 그리고 이슬람의 경전인《코란》의 가르침(계율)에 철저하게 복종하고 실천해야 한다. 따라서 이슬람 사회에서는 입법, 행정 등 모든 분야에서 자유로운 토론을 거쳐 결론에 이르는 민주주의적 사고방식이 뿌리내리기 어렵다.

원래 중세 유럽 이전의 기독교 사회도 이와 마찬가지였지만, 유럽인들의 사고방식은 근대 사회 이후에 신 중심에서 인간 중심의 세계관으로 바뀌었다. 그래서 현재 기독교 인구가 많은 유럽에서도 정교분리를 원칙으로 삼고 있다. 즉 일상적인 생활에서는 인간이 신의 지배에서 벗어나 개인의 자유를 누리는 게 당연하다고 생각하는 것이다.

그렇다면 정치와 종교를 하나로 생각하는 신정일치의 이슬람 사회는 앞으로 민주주의를 어떻게 받아들이고 변할 것인가? 국제 사회는 민주화 운동 이후 혼란을 거듭하고 있는 아랍 국가들에 대해 지대한 관심으로 지켜보고 있다.

57개국이 참가한 '이슬람협력기구'는 '이슬람연합'의 경제 공동체를 추구

한편 이슬람 국가들 사이에서는 '공동체'를 만들려는 움직임이 나타나고 있다. 장차 이슬람교라는 종교로 결속된 '이슬람연합'이 탄생할지도 모를 일이다. 이 계획이 실현되면 ASEAN(동남아시아국가연합), EU(유럽연합)에 버금가는 대규모 공동체가 출현하게 된다.

세계에는 이 외에도 NAFTA(북미자유무역협정) 등 국가의 틀을 넘어선 지역 공동체가 여럿 있다. 이들은 주변국과의 연계를 강화하고 관세를 철폐하거나 인하해 지역 내 경제의 활성화를 목표로 한다. 이슬람연합은 이런 지역의 경제 공동체가 아닌 종교 공동체이다.

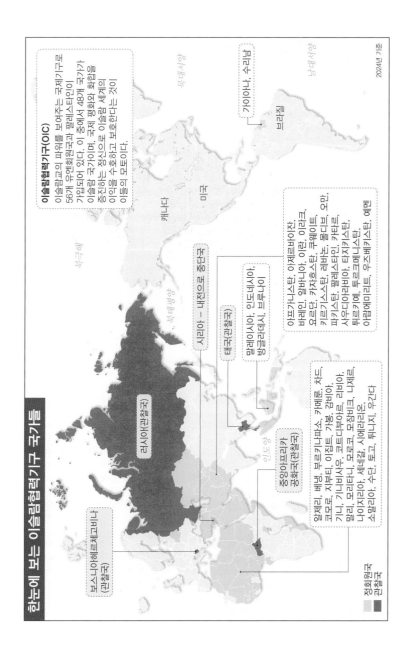

한눈에 보는 이슬람협력기구 국가들

보스니아헤르체고비나
(관찰국)

러시아(관찰국)

중앙아프리카 공화국(관찰국)

시리아 - 내전으로 중단국

태국(관찰국)
말레이시아, 인도네시아, 방글라데시, 브루나이

알제리, 베냉, 부르키나파소, 카메룬, 차드, 코모로, 지부티, 이집트, 가봉, 감비아, 기니, 기니비사우, 코트디부아르, 라이베리아, 말리, 모리타니, 모로코, 모잠비크, 니제르, 나이지리아, 세네갈, 시에라리온, 소말리아, 수단, 토고, 튀니지, 우간다

아프가니스탄, 아제르바이잔, 바레인, 알바니아, 이란, 이라크, 요르단, 카자흐스탄, 레바논, 몰디브, 오만, 키르기스스탄, 쿠웨이트, 파키스탄, 팔레스타인, 카타르, 사우디아라비아, 타지키스탄, 튀르키예, 투르크메니스탄, 아랍에미리트, 우즈베키스탄, 예멘

가이아나, 수리남

브라질

캐나다

미국

북극해

북태평양

북대서양

남대서양

인도양

2024년 기준

이슬람협력기구(OIC)
이슬람교의 파워를 보여주는 국제기구로 56개 유엔회원국과 팔레스타인인 가입되어 있다. 이 중에서 48개 국가가 이슬람 국가이며, 국제 평화와 화합을 증진하는 정신으로 이슬람 세계의 이익을 수호하고 보호한다는 것이 이들의 모토이다.

정회원국
관찰국

2장 5대 종교지도로 세계 뉴스를 읽는다 - 127

튀르키예에서 열렸던 13차 이슬람 정상회의, 2016년, 아제르바이잔 대통령 홈페이지

이 계획은 1969년에 창설된 이슬람회의기구(OIC, Organization of the
Islamic Conference)에서 처음 나왔다. OIC는 서아시아, 중동, 아프리
카, 동남아시아 등 이슬람 인구가 대다수인 57개국 또는 지역으로
구성되어 있다. 이슬람 국가들 사이의 연대 강화를 위한 조직으로,
EU를 본떠 자유무역 체제를 구축하는 데 힘써왔으며, 2011년 이슬
람협력기구로 명칭을 바꿨다.

처음에는 대부분의 구성국이 주변국보다 서방과의 관계를 우선
시한 탓에 OIC는 정치적인 영향력이 거의 없었다. 따라서 OIC도
초기에는 구체적인 실천 계획이 없이 뜬구름 잡는 소리나 내는 변
방의 국제단체에 불과했다.

그러나 2001년 미국의 9.11 테러 사건 이후 상황이 달라졌다. 이슬람교와 테러를 한데 묶어 생각하는 서구의 여론과 이라크 전쟁에 대한 반발감이 이슬람 국가들을 똘똘 뭉치게 한 것이다. 또 많은 이슬람 국가가 석유 판매로 경제력을 확보한 것도 서구 강대국의 의존에서 벗어나 정치와 경제면에서 독립적인 목소리를 낼 수 있는 발판이 되어주었다.

2003년에는 사우디아라비아 등 걸프협력회의(GCC, Gulf Cooperation Council)의 6개국이 공통 관세를 도입했고, 2007년부터 지역 내 관세율을 평균 12%에서 0%로 내리는 안이 상정되는 등 이슬람연합을 실현하려는 움직임이 구체적으로 나타나기 시작했다. 심지어 이슬람 군대를 창설해 중동 등의 미군 기지를 이슬람군 기지로 바꾸려는 계획도 구상하고 있다.

하지만 현실적인 문제가 그리 만만치만은 않다. 나라마다 경제 상황이 제각각인 데다 지역별 경제의 격차도 커서 경제적 결속력이 의문시되고 있기 때문이다. 또 종교 차원에서는 이슬람교 내의 수니파와 시아파의 교파 간 대립도 심각한 상황이다. 이런 문제를 모두 극복하기란 대단히 어려울 것이다. 이슬람연합을 EU처럼 결속력이 강한 경제 공동체로 만들려면 아직 많은 시간이 필요하다는 게 중론이다.

이슬람 원리주의를 따르는
과격파 무장 단체는 무엇인가?

무함마드의 가르침대로 이상향을
실현하려는 이슬람 부흥 운동

뉴스에서 '이슬람 원리주의'라는 말을 들으면 무엇을 떠올리는 가? 대부분 사람은 '테러도 마다하지 않는 과격한 이슬람 사상'이라고 생각할 것이다. 분명 2001년 미국에서 일어난 9.11 테러는 이슬람 원리주의자인 오사마 빈 라덴이 이끄는 알카에다의 소행이었다. 또 그 후 세계 각지에서 일어난 테러에도 이슬람 원리주의를 따르는 무장 조직이 결부되어 있다. 그래서 이슬람 원리주의와 이슬람 과격파를 동일시하는 사람이 많다.

그러나 이슬람 원리주의를 내세우는 사람이 모두 테러를 일삼는 과격파는 아니다. 평화를 기원하며 국가와 타인을 위해 봉사하는 사람도 무척 많다. 원래 이슬람 원리주의란 서구 문화의 유입으로 진행되는 급속한 근대화와 세속화를 반대하고, 이슬람법에 기초한 국가를 건설하고자 하는 '이슬람 부흥 운동'을 뜻한다.

제2차 세계대전 후 이슬람권 국가 대부분은 영국과 프랑스의 식민 지배에서 벗어나 경제 발전을 이룩했지만, 국내의 빈부 격차는 계속 커질 뿐이었다. 독실한 이슬람교도의 눈으로 보면 '신 앞에서 모든 인간은 평등하다'라는 이슬람 사상과 모순된 현실은 분명히 잘못된 것이다. 그래서 이슬람교의 창시자 무함마드가 살았던 시대의 이상적인 사회로 돌아가려는 운동이 시작되었다. 이것이 원래의 이슬람 부흥 운동이다.

이슬람 부흥 운동을 하던 사람들이 과격파로 변하는 이유는 무엇일까?

하지만 서구의 언론 매체들이 이 종교적 부흥 운동에, 미국에서 생겨난 개신교의 원리주의가 지닌 배타적이고 호전적인 이미지를 덧대어 '이슬람 원리주의'라는 이름을 붙였다. 그런 이유로 '과격한 이슬람 원리주의'라는 이미지가 확산한 것이다.

그렇다면 이슬람 부흥 운동을 하던 사람들이 과격파로 변하는 이유는 무엇일까? 이슬람 원리주의자는 《코란》과 《하디스》(무함마드의 말과 행동을 정리한 책)에 적힌 가르침을 모두 지키면 이상적인 사회

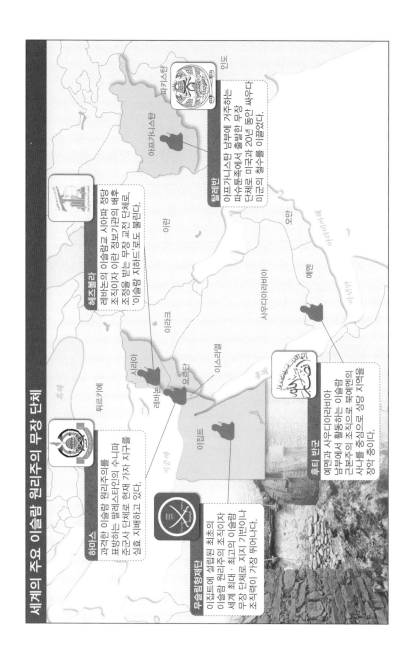

세계의 주요 이슬람 원리주의 무장 단체

하마스
과격한 이슬람 원리주의를 표방하는 팔레스타인의 수니파 준군사 단체로 현재 가자 지구를 실효 지배하고 있다.

헤즈볼라
레바논의 이슬람교 시아파 정당 조직이자 이란 정보기관의 배후 조정을 받는 무장 교전 단체로, '이슬람 지하드'로도 불린다.

탈레반
아프가니스탄 남부에 거주하는 파슈툰족에서 출발한 무장 단체로 미국과 20년 동안 싸우다 미군의 철수를 이끌었다.

무슬림형제단
이집트에 설립된 최초의 이슬람 원리주의 조직이자 세계 최대·최고의 이슬람 무장 단체로 지지 기반이나 조직력이 가장 뛰어나다.

후티 반군
예멘과 사우디아라비아 남부에서 활동하는 이슬람 근본주의 조직으로 북예멘의 사나를 중심으로 상당 지역을 장악 중이다.

가 이루어진다고 믿는다.

반면 이슬람의 상업 규칙이나 범죄자의 처벌에 이르기까지 현재의 정치 체제 아래에서는 무함마드의 가르침을 그대로 지키기가 매우 어렵다. 결국 이런 이유로 현실적인 어려움에 봉착하자, 그들은 무력으로나마 정치를 개혁해 이상적인 사회를 실현하려는 과격한 사상을 가지게 된 것이다.

널리 알려진 과격파 조직으로는 무슬림동포단, 하마스, 헤즈볼라, 탈레반 등이 있다. 무슬림동포단은 1928년 이집트에 설립된 이슬람 원리주의 조직의 시초이다. 원래는 사회복지 활동을 주로 하는 온건한 조직이었는데, 무력 혁명을 옹호하는 일파가 분파해 새로운 조직을 결성하면서 색깔이 달라졌다.

하마스는 팔레스타인의 원리주의 조직으로, 이스라엘과 평화로운 화합에 반대하며 이슬람법에 기초한 국가 건설을 지향한다. 헤즈볼라는 레바논에서 활동하는 이슬람 시아파의 원리주의 조직이다. 처음에는 무장한 민병대 조직으로 출발해 테러를 저지르기도 했으나, 지금은 의석을 지닌 정당 조직으로까지 발전했다.

그리고 탈레반은 알카에다와 밀접한 관계에 있는 아프가니스탄의 원리주의 조직이다. 이들 과격파가 지금 세계에 악명을 떨치며 '이슬람 원리주의'의 대명사가 되어버린 것은, 그동안 세계 각지에서 일으킨 테러 행위가 원인임을 부정할 수 없다.

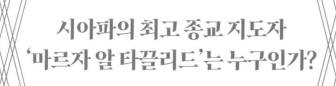

시아파의 최고 종교 지도자
'마르자 알 타끌리드'는 누구인가?

수니파는 교파를 대표하는 조직이 없고,
시아파는 피라미드형 법학자 계층 존재

가톨릭교의 최고 지도자는 로마 교황이다. 그렇다면 이슬람교는 어떨까? 답부터 말하자면 이슬람교에는 최고 지도자가 없다. '모든 신자가 평등하다'라는 가르침에 기초해, 이슬람교는 로마 교황에 해당하는 이슬람교 전체의 수장을 두지 않는다. 그러나 교파에 따라서는 영향력 있는 지도자가 존재한다.

이슬람교의 2대 교파 중 하나인 수니파의 경우, 교파를 대표하는 조직이 별도로 없고 국가별로 이슬람 법학자 조직이 몇 개 존재할 뿐이다. 그러나 시아파에는 법학자들에 의한 비공식적인 피라미드

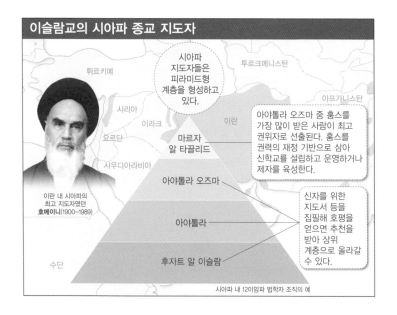

이슬람교의 시아파 종교 지도자

튀르키예

시아파 지도자들은 피라미드형 계층을 형성하고 있다.

투르크메니스탄

아프가니스탄

시리아

이라크

이란

요르단

마르자 알 타끌리드

사우디아라비아

아야톨라 오즈마

이란 내 시아파의 최고 지도자였던 **호메이니**(1900~1989)

아야톨라

아야톨라 오즈마 중 훔스를 가장 많이 받은 사람이 최고 권위자로 선출된다. 훔스를 권력의 재정 기반으로 삼아 신학교를 설립하고 운영하거나 제자를 육성한다.

신자를 위한 지도서 등을 집필해 호평을 얻으면 추천을 받아 상위 계층으로 올라갈 수 있다.

수단

후자트 알 이슬람

시아파 내 12이맘파 법학자 조직의 예

형 계층이 19세기경 성립되었으며, 그중 최고 권위자는 '마르자 알 타끌리드(Marja' al Taqlid, 모방의 원천이라는 뜻)'이다. 법학자의 계층 순위는 가장 아래부터 후자트 알 이슬람, 아야톨라, 아야톨라 오즈마로 이어지며, 최상위층에 마르자 알 타끌리드가 존재한다.

그런데 마르자 알 타끌리드에 대한 정의는 명확하지 않으며, 인원수도 정해져 있지 않다. 따라서 마르자 알 타끌리드가 여러 명 있을 때도 있고 전혀 없을 때도 있다.

실질적으로 마르자 알 타끌리드는 신자들이 두 번째 계층인 아야톨라 오즈마 중 누구에게 훔스(Khums, 아랍어로 5분의 1이란 뜻으로 소득의 5분의 1을 이슬람교에 바치는 일종의 종교세이며, 시아파 이슬람에서만 시행되고 있다)를 내느냐에 따라 결정된다. 홈스가 많이 걷히면 그만큼 권위도 올라간다. 즉 신자들에게 홈스를 가장 많이 받은 사람이 최고 권위자가 되는 셈이다.

마르자 알 타끌리드는 이렇게 모은 홈스를 권력의 재정 기반으로 삼아 신학교를 설립해 운영하거나 제자를 육성한다. 그것이 이슬람 사회의 전통이기 때문이다.

이라크를 방문한 프란치스코 교황이
시스타니 자택에서 비공개 회담

현재 이슬람교에서 마르자 알 타끌리드가 될 수 있는 유력한 사람은 알리 알 시스타니로 알려져 있다. 이란 출신의 시스타니는 이라크에서도 존경을 받았다. 그래서 1951년에 이라크의 시아파 성지 나자프로 가서 당시 아야톨라 오즈마였던 아불 카심 호에이의 가르침을 받았다. 그리고 1992년에 호에이가 사망하자 아야톨라 오즈마로 지명되었다. 하지만 1990년대부터 이미 마르자로 인정받으며 활동했다는 설도 있다.

반면 이란의 할리 하메네이는 루홀라 호메이니를 지지했고, 1981년부터 1989년까지 이란의 제3, 4대 대통령을 지냈다. 1989년 호메이니가 죽은 후 호메이니의 뒤를 이어 이란의 최고 지도자가 되었는데, 역시 마르자 알 타끌리드가 될 수 있는 사람으로 알려지고 있다. 그는 "미국이 석유를 잡아먹겠다면 미국은 석유의 위기를 겪게

현세의 이맘으로 알려진 이란의 시아파 최고 지도자 하메네이(좌), 이라크의 시아파 최고 지도자인 세예드 알리 알 시스타니(우)

될 것이다"라고 발언해 미국을 압박한 것으로도 유명하다.

시스타니는 기본적으로는 종교인의 정치 개입에 부정적이었지만, 정치와 아예 인연을 끊지는 않았다. 그래서 이라크 전쟁 후에는 시아파의 주도권 확보를 위해 강력한 지도력을 발휘해, 수니파에 대한 테러 반대와 시아파 연합정당 지지를 호소함으로써 정치 불안이 이어지는 이라크를 안정시키려 했다.

2021년 3월, 이라크를 공식 방문한 프란치스코 교황은 시아파의 중심지 나자프를 찾아 시아파 최고 지도자 시스타니의 자택에서 비공개 회담을 가져 세계의 이목을 끌었다. 그는 정치적 · 종교적 영향력이 크기 때문에, 미군 철수 후 이라크 정세의 향방을 좌우할 정도의 영향력을 가진 인물로 평가받고 있다.

정교일치의 티베트불교에서 '달라이 라마'를 선출하는 방법

불교국 티베트의 정치와 종교를 총괄하는 지도자가 달라이 라마

기독교도가 많은 서양은 '정교분리'가 원칙인 반면, 이슬람권 나라들은 정교가 분리되지 않은 '정교일치'의 나라가 많다. 그렇다면 국민 가운데 불교 신자가 다수인 국가는 어떤 정치 체제를 유지하고 있을까?

불교는 정치를 멀리하고 속세를 벗어나라고 가르치므로 정치와 종교가 일치하지 않는 것이 대부분이다. 그러나 최근까지 정교일치 체제를 고수했던 나라가 바로 티베트이다. 현재 티베트는 중국의 티베트 자치구에 포함되어 있지만 원래는 독립국이었다. 이런 티베

14대 달라이 라마가 인도로 망명할 때까지 겨울에 살았던 포탈라궁, 유네스코 세계문화유산, 포탈라궁 홈페이지

트의 정치와 종교의 최고 지도자 역할을 맡은 사람이 달라이 라마(달라이는 '큰 바다', 라마는 '살아 있는 부처'를 뜻함)이다.

　라마교라고도 불리는 티베트의 불교는 인도계, 네팔계, 중국계라는 세 계통의 불교와 티베트의 민간 신앙이 혼합되어 발전해 왔기 때문에 일반적인 불교와는 다른 점이 많다. 그중에서 가장 큰 특징은 '전생활불(轉生活佛, 약칭으로 활불이라고 하며, 인도의 윤회 사상과 티베트인의 살아 있는 신의 관념이 합쳐져 생긴 말)' 사상이다. 즉 최고 지도자인 달라이 라마가 모든 사람이 구원받을 때까지 몇 번이든 다시 태어나 그들을 인도한다는 것이다.

그들은 고승이 죽으면 죽은 고승을 보살의 화신이라고 여긴다. 고승의 죽음은 사람들에게 인생의 무상을 가르쳐주기 위한 과정의 하나이고, 고승이 다시 살아나서 자신들을 구제줄 것이라고 믿는다.

달라이 라마는 중국의 침공을 피해
인도로 망명해 임시 정부를 수립

달라이 라마가 정치와 종교를 함께 통솔하게 된 것은 제5대 달라이 라마(1617~1682년) 때가 처음이었다. 현재의 달라이 라마(텐진 갸초)는 14대째에 해당한다. 그러나 달라이 라마의 지위는 세습이나 선거로 계승되는 것이 아니다. 달라이 라마의 후계는 매우 독특한 방법으로 정해진다.

달라이 라마가 사망하면 승려들은 그날 태어난 아기 중에서 달라이 라마의 '환생자'를 찾기 시작한다. 선대에서 남긴 암시나 신탁관(信託官)에 의한 신탁, 성스러운 호수에서 얻은 계시 등을 참고로 티베트의 모든 곳에서 모든 아이를 찾아내 결정한다. 이런 환생자 수색에만도 몇 년이 걸리기도 한다. 이런 과정을 통해 후보를 찾아낸 다음에는 선대에서 소유했던 물건을 알아맞히게 하거나, 전생의 기억을 시험해 합격해야 그 아이를 환생자로 인정한다.

보드가야 칼라차크라 법회(불교의 수행의식)에 참석한 14대 달라이 라마, ⓒ Morrisjm, W-C

티베트는 이런 방식을 통해 선출한 달라이 라마를 최고 지도자로 받드는 정교일치 체제를 300년 이상이나 지속했지만, 1959년에 중국의 침공을 받아 중국의 속국이 되고 말았다.

14대를 잇고 있는 현재 달라이 라마는 1940년에 공식 취임했으며, 중국 인민군의 침공을 피해 인도의 다람살라로 망명해 임시 정부를 세웠다. 그는 중국으로부터 독립하기 위해 투쟁하는 한편, 국가 체제를 삼권분립 형태를 갖춘 정교분리의 민주정치 체제로 바꾸기 위해 힘쓰고 있다.

달라이 라마는 티베트의 독립을 위한 수단으로 시종일관 비폭력 노선을 선택했다. 최근에는 티베트 독립이라는 기존의 노선 대신에 완전한 자치 지역으로 보장해 주기를 요구하지만, 중국은 여전히 협상을 거부하고 있다. 지금도 아흔을 앞둔 고령임에도 불구하고 여러 법회와 강연에 참석해 세계인을 향해 비폭력 평화주의의 메시지를 전하고 있다.

달라이 라마는 망국의 어려운 환경에서도 세계 평화에 헌신한 공로를 인정받아 1989년에 노벨평화상을 수상했으며, 1994년에 미국의 루스벨트 자유상을 받았다. 2023년 4월에는 1959년에 수상한 막사이사이상을 64년 만에 직접 수령해 화제를 모았다.

20세기 초 공산주의 국가에서 왜 종교가 사라졌는가?

무신론을 내세우는 공산주의에는 종교가 들어설 자리가 없었다!

중국은 예로부터 유교, 도교, 불교, 이슬람교 등이 뒤섞인 다종교 국가이다. 반면 한국과 일본의 불교는 인도에서 발생해 중국을 통해 전래하였고, 예로부터 많은 승려가 불교의 교리를 공부하기 위해 중국으로 갔다. 그래서 중국은 불교 국가라는 인상이 강하기도 하다.

미국 퓨리서치센터의 자료에 의하면, 중국 총인구에서 불교도는 2억 4,000만 명으로 세계 불교도의 약 절반을 차지하고 있다. 그러나 지금 중국에는 신앙으로서 믿는 독실한 불교 신자가 거의 없다.

중국에서 출발한 유교와 도교도 마찬가지이다.

왜냐하면 종교를 인정하지 않고 탄압한 공산당 정권의 역사가 오래 지속되었기 때문이다. 20세기 전반기 동안 공산주의의 창시자 카를 마르크스의 사상에 기초해 소비에트연방과 동유럽 국가, 중국 등 수많은 공산주의 국가가 수립되었다. 유물론에 기초해 무신론을 내세우는 공산주의 사상에는 종교가 들어설 자리가 없었다. 따라서 공산주의 국가들은 신이 아니라 민중이 지배하는 세상을 만들기 위해 종교를 탄압했다. 많은 신자가 종교적 탄압을 견디지 못하고 신앙을 포기한 결과, 쇠락하고 사라진 종교가 적지 않다.

물론 중국도 마찬가지이다. 공산당 정권으로 중국을 이끈 마오쩌둥은 마르크스의 가르침대로 종교를 탄압했다. 특히 1966년부터 1976년에 걸친 문화대혁명 때는 수많은 사원과 교회를 파괴하고 신자들을 박해하는 등 무자비한 탄압이 이루어졌다. 그래서 중국 내 여러 종파가 치명적인 타격을 입은 것은 물론, 불교를 비롯한 종교의 인구 자체가 줄어들고 말았다.

소련의 종교 탄압으로 죽임을 당한 성직자가 약 20만 명에 이른다

소련(소비에트연방)에서도 중국과 마찬가지로 반종교 정책을 강력하게 실시했다. 최고 지도자 스탈린은 러시아 정교회의 그리스도 대성당을 폭파해 대형 수영장으로 만들었고, 그 뒤를 이은 흐루쇼

세계에서 가장 높은 모스크바의 동방정교회 성당, 러시아 정교회 홈페이지

프 역시 러시아 정교회의 성직자들을 투옥하고 수많은 교회를 폐쇄하는 등 종교를 철저히 탄압했다.

소련에서 종교 말살 시대를 거치면서 죽임을 당한 성직자가 약 20만 명에 이르며, 철저하게 파괴한 뒤에 남은 수도원은 18곳에 불과했다. 지금은 많이 복원되어 수도원이 500곳을 헤아리지만, 그

당시 소련은 종교의 암흑 시대나 마찬가지였다.

카를 마르크스는 "종교는 역경에 시달리는 자의 한숨이며 민중의 아편이다"라고 말했다. 무신론자인 그의 종교 부정은 종교가 공산주의 혁명을 방해하는 요소이자 독소라는 믿음 때문이었다. 핍박받는 사람들이 종교를 가지면 현실에서 도피하기 위해 오로지 내세를 꿈꾸며 종교에만 의지하게 된다. 그러면 현실 세계의 다양한 모순을 해결할 의지가 사라지고, 계급혁명을 통해 민중이 지배하는 세상도 영원히 오지 않는다는 논리이다.

즉 마르크스는 노동자의 고통과 핍박을 근본적으로 해결할 대책은 종교가 아니라 공산주의 혁명이라고 생각한 것이다. 공산주의자들의 극심한 종교 탄압에도 불구하고, 공산주의 국가에서 종교는 끝내 사라지지 않았다. 오히려 1970년대 이후 정치의 부패가 심각해지면서 종교의 부활과 종교에의 회귀 현상이 두드러지게 나타나는 느낌이다.

중국에서는 덩샤오핑의 개혁개방 정책 아래 종교에 대한 재평가가 이루어져, 공산주의 정권의 권위를 위협하지 않는다는 조건으로 종교에 대한 단속 등이 완화되기도 했다.

소련에서도 1970년대부터 러시아 정교회가 조금씩 부흥의 움직임을 보였고, 소련이 붕괴한 후에는 러시아에서 그리스도 대성당이 재건되었다. 공산주의가 아무리 종교를 금지하고 박해해도 수천 년 동안 인간의 마음속에 자리 잡은 신앙심은 쉽게 사라지지 않았던 것이다.

힌두교가 장악한 인도에서
불교가 신흥 정치 세력으로 부상

힌두교 세력의 득세와 탄압으로
인도의 불교는 종말을 맞았다

'불교의 기원'은 인도에 있다. 교조인 붓다는 북인도의 왕족 출신이고, 불교를 널리 퍼뜨린 사람도 인도 최초의 통일 왕조인 마우리아 왕조의 아소카 왕이었다. 소설 《서유기》에서도 삼장법사가 중국에 불교를 제대로 전파하기 위해 불경의 원전을 찾아 천축국(인도)으로 갔다. 그러나 현재 인도는 고대 브라만교에서 출발한 힌두교 인구가 대다수를 차지한다.

사실 인도의 불교는 브라만교 세력의 득세와 탄압으로 서서히 쇠퇴하다가, 13세기에는 거의 멸절하다시피 하고 말았다. 이후 인도

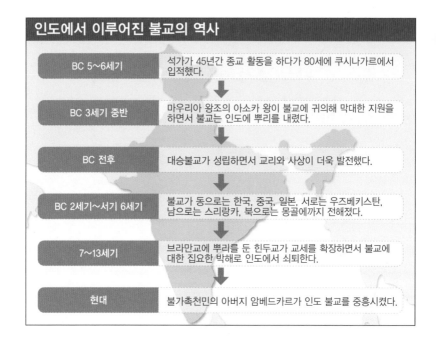

인도에서 이루어진 불교의 역사

BC 5~6세기	석가가 45년간 종교 활동을 하다가 80세에 쿠시나가르에서 입적했다.
BC 3세기 중반	마우리아 왕조의 아소카 왕이 불교에 귀의해 막대한 지원을 하면서 불교는 인도에 뿌리를 내렸다.
BC 전후	대승불교가 성립하면서 교리와 사상이 더욱 발전했다.
BC 2세기~서기 6세기	불교가 동으로는 한국, 중국, 일본, 서로는 우즈베키스탄, 남으로는 스리랑카, 북으로는 몽골에까지 전해졌다.
7~13세기	브라만교에 뿌리를 둔 힌두교가 교세를 확장하면서 불교에 대한 집요한 박해로 인도에서 쇠퇴한다.
현대	불가촉천민의 아버지 암베드카르가 인도 불교를 중흥시켰다.

의 불교도는 힌두교로 개종당하거나, 카스트 제도의 최하층인 '불가촉천민'으로 차별을 받으며 살아왔다. 21세기 들어서도 불교도들이 힌두교 과격파의 폭력에 희생되는 사건이 끊이지 않는다.

그런 인도 불교가 최근 몇 년 사이에 정치적 존재감을 확대하고 있다. 불교를 믿는 정치가와 정당이 자기 목소리를 내기 시작했으며, 앞으로도 세력이 점점 확대할 것으로 보인다.

인도 불교가 부흥하는 계기를 만든 사람은 인도의 초대 법무부 장관인 B. R. 암베드카르(Bhimrao Ramji Ambedkar)이다. 그는 불가촉천민 출신이면서도 '인도 헌법의 아버지'로 불릴 만큼 성공한 신화

뭄바이 고등법원에서의 암베드카르 생전 모습, 암베드카르 박사 탄생 100주년 기념화

적인 인물이다.

그는 1950년대에 인도 중부 마하라슈트라주의 나그푸르에서 불교의 사회·정치 운동을 전개해 100만 명 이상의 힌두교 신봉자(30만 명 이상이 불가촉천민이었다)를 불교로 개종시켰다. 이를 계기로 인도에서 불교도가 급증해, 1951년에 18만 명이던 인도의 불교 인구가 1961년에는 325만 명까지 늘어났다.

마야와티는 불가촉천민 출신으로, 카스트 제도 철폐를 외치며 새바람

하지만 암베드카르가 사망한 후 불교로 개종한 사람들이 의례와 축제 등을 어떻게 진행해야 할지 몰라서 혼란에 빠진 탓에 불교의 부흥은 난항을 겪게 된다. 그때 인도에 나타난 사람이 사사이 슈레이(佐佐井 秀嶺)라는 일본의 승려이다. 그는 1967년에 인도로 가서 나그푸르에서 불교 사원 건립과 불교 의례 보급 등의 활동을 정열적으로 펼쳤다. 또한 힌두교에서 불교로 개종하면서 불가촉천민이 된 사람들을 해방시키는 운동에도 앞장섰다.

그는 1988년에 인도 국적을 취득했으며, 2009년까지 일본에 한 번도 돌아가지 않았을 정도로 철저한 인도인으로 살았다. 그의 노력이 서서히 열매를 맺어 2001년에 인도의 불교 인구는 약 800만 명까지 늘어났고, 지금은 1억 5,000만 명으로 급증했다.

그런 중에 암베드카르의 불교를 기반으로 하는 사회 · 정치 운동을 이어받은 정치가가 등장했다. 대중사회당(BSP)의 수장 마야와티 쿠마리(Mayawati Kumari)이다. 마야와티는 암베드카르와 같은 불가촉천민 출신으로, 카스트 제도의 철폐를 외치며 정치 활동을 펼치고 있다. 불교도들도 '불가촉천민의 어머니'에게 큰 기대를 걸고 있다. 과연 그녀가 힌두교 중심 사회의 정치에 새바람을 일으킬 수 있을지 기대를 한 몸에 모으고 있다.

장래 인도 총리가 되겠다는 포부를 밝혔던 마야와티는 2007년에

인도인으로 살았던 일본의 사사이 슈레이 스님(좌), 인도 불가촉천민의 어머니로 불리는 마야와티 쿠마리.

인도에서 가장 인구가 많은 북부 우타르프라데시주의 장관으로 선출되어 《포브스》에 '세계에서 가장 영향력 있는 여성 100인' 가운데 하나로 뽑히기도 했다. 2012년부터 국회의원 3선을 연임했으며, 2017년 사임했다.

AIPAC-미국 정계를 주무르는
유대인 이익 단체의 대표

미국 정계의 거물들과 연계를 맺고
이스라엘을 위한 로비 활동에 주력

　미국은 기독교의 기반 위에 세워진 나라이므로 당연히 기독교도
가 주류인 나라로 생각하기 쉽다. 그러나 미국에는 정치적인 영향
력을 지닌 이익 단체가 수없이 많다. 기독교 이외의 종교를 기반으
로 하는 단체도 적지 않다. 그중에서도 미국뿐만 아니라 세계의 정
치 · 경제를 좌지우지하는 집단이 '유대인 이익 단체'이다.

　유대인 이익 단체란 유대계 시민 단체와 선거 자금 제공자, 싱크
탱크(Think Tank, 정부의 정책이나 기업의 경영 전략을 연구하는 최고 전문
가들의 집단) 등을 포함해 유대교를 신봉하는 집단을 가리킨다. 이들

은 이스라엘의 국익을 도모할 목적으로 활동하며, 20세기 후반의 50년간 세력을 급격히 확대했다.

유대인 이익 단체의 대표는 '미국·이스라엘공공문제위원회(통칭 AIPAC, American Israel Public Affairs Committee)'이다. AIPAC은 1950년 초에 캐나다 출신의 저널리스트인 I. L. 케넨이 유대계 시민들의 기부금을 모아 설립한 단체이다.

현재 AIPAC은 30만 명의 개인 기부자들과 유대인 거부들이 천문학적 기금을 조성, 이스라엘을 위한 로비를 벌이는데 당연히 미국 정계의 거물들과 연계를 맺고 있다.

뿐만 아니라 한마디로 말하자면, 미국 정계의 모든 친이스라엘 정책 계발의 구심점이기도 한 AIPAC이 유대계 정치 로비 단체의 얼굴인 셈이다.

미국 워싱턴포스트(WP)는 한때 민주당 자금의 60%, 공화당 자금의 25%가 유대인 로비 단체에서 나온다고 보도한 적도 있다.

한편 이런 보도와 함께 언론계에선 미국의 대표 신문사 뉴욕타임스(NYT)와 월스트리트저널(WSJ), 방송사인 NBC·ABC·CBS·폭스뉴스도 모두 유대인이 창립했거나 유대인·유대 자본이 소유한 언론사라는 점에 주목해야 한다.

특히 월스트리트저널과 폭스뉴스를 소유한 루퍼트 머독, 뉴욕타임스를 인수한 설즈버거 가문이 유대계로 유명하다.

미국 정계에서 지도자로 성장하려면
AIPAC 회의에 참여하는 게 당연지사

AIPAC은 뛰어난 자금 모집 능력을 활용해 우호적인 정치인에게 선거 자금을 제공한다. 특히 이스라엘을 지원할 권한이 있는 정치인(외교나 군사, 재정 관련 위원회에 소속된 의원)에게 많은 정치 자금을 제공해 친이스라엘 정책을 유지하도록 영향력을 행사한다. 의회에서 특정 의원이 투표를 어떤 식으로 하는지 꼼꼼히 확인하고, 정치 활동이 마음에 들지 않으면 개선을 촉구하는 방식으로 치밀한 관리가 이루어진다.

만약 이스라엘의 이익에 반하는 압력을 가하려는 정치인이 있으면, 그 선거구에 다른 후보를 출마시키고 적극적으로 지원하며, 해당 정치인의 낙선 운동을 벌이기도 한다. 때로는 텔레비전 광고를 활용한 대규모 캠페인을 벌인다. 실제로 1984년에는 상원 외교위원장 자리에 있던 찰스 퍼시 의원이 AIPAC이 지원한 대항마로 인해 낙마하는 일이 있었다. 이스라엘과 대립 관계인 사우디아라비아에 군용기를 수출하는 일을 그가 주도했는데, 그 일을 유대인의 안전을 위협하는 행위로 간주한 것이다.

대부분 미국 의원은 미국 내 유대인 세력과 힘을 무시하지 못하기 때문에 현재 이스라엘의 국익에 반하는 정치 활동을 벌일 만한 정치가가 거의 없다고 한다.

한편 미국 대외 원조의 최대 수혜국이자 2차 세계대전 이후 미국

미국을 움직이는 유대인의 돈줄과 인맥

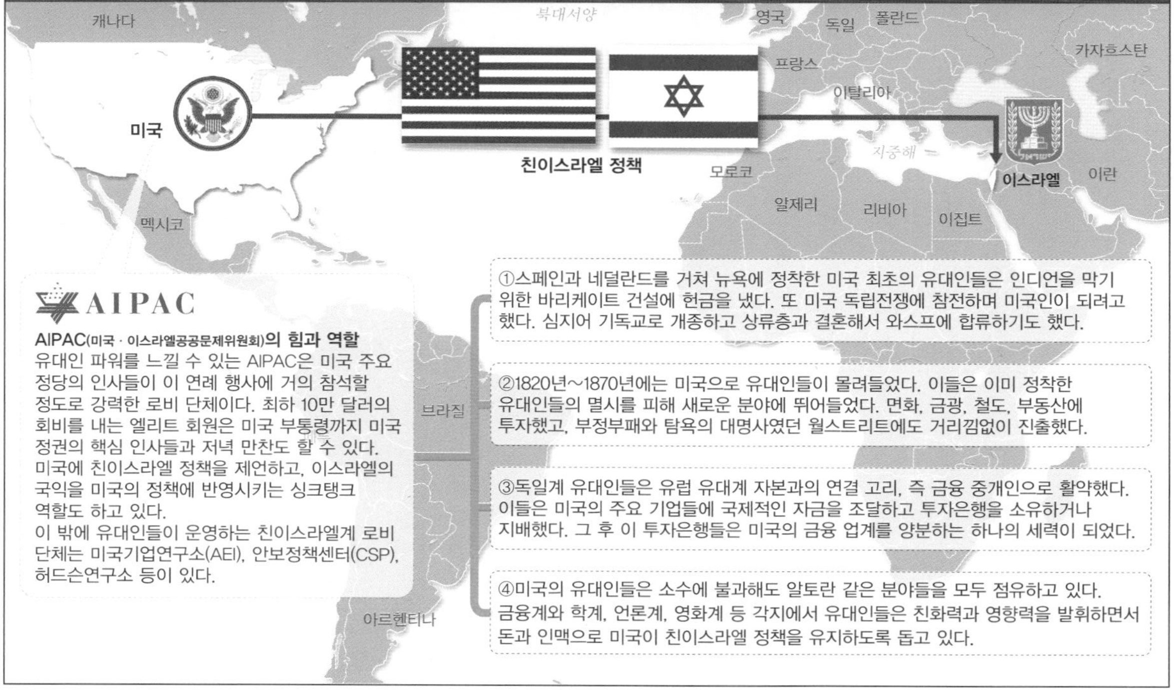

AIPAC(미국 · 이스라엘공공문제위원회)**의 힘과 역할**
유대인 파워를 느낄 수 있는 AIPAC은 미국 주요 정당의 인사들이 이 연례 행사에 거의 참석할 정도로 강력한 로비 단체이다. 최하 10만 달러의 회비를 내는 엘리트 회원은 미국 부통령까지 미국 정권의 핵심 인사들과 저녁 만찬도 할 수 있다. 미국에 친이스라엘 정책을 제언하고, 이스라엘의 국익을 미국의 정책에 반영시키는 싱크탱크 역할도 하고 있다.
이 밖에 유대인들이 운영하는 친이스라엘계 로비 단체는 미국기업연구소(AEI), 안보정책센터(CSP), 허드슨연구소 등이 있다.

①스페인과 네덜란드를 거쳐 뉴욕에 정착한 미국 최초의 유대인들은 인디언을 막기 위한 바리케이트 건설에 헌금을 냈다. 또 미국 독립전쟁에 참전하며 미국인이 되려고 했다. 심지어 기독교로 개종하고 상류층과 결혼해서 와스프에 합류하기도 했다.

②1820년~1870년에는 미국으로 유대인들이 몰려들었다. 이들은 이미 정착한 유대인들의 멸시를 피해 새로운 분야에 뛰어들었다. 면화, 금광, 철도, 부동산에 투자했고, 부정부패와 탐욕의 대명사였던 월스트리트에도 거리낌없이 진출했다.

③독일계 유대인들은 유럽 유대계 자본과의 연결 고리, 즉 금융 중개인으로 활약했다. 이들은 미국의 주요 기업들에 국제적인 자금을 조달하고 투자은행을 소유하거나 지배했다. 그 후 이 투자은행들은 미국의 금융 업계를 양분하는 하나의 세력이 되었다.

④미국의 유대인들은 소수에 불과해도 알토란 같은 분야들을 모두 점유하고 있다. 금융계와 학계, 언론계, 영화계 등 각지에서 유대인들은 친화력과 영향력을 발휘하면서 돈과 인맥으로 미국이 친이스라엘 정책을 유지하도록 돕고 있다.

의 해외 원조를 가장 많이 받은 이스라엘은 1985년 이래 연평균 30억 달러에서 38억 달러(약 5조 1,100억 원) 이상의 원조를 받고 있다고 알려져 있다.

그리고 미국 정치인들에게는 유대계 시민의 기부금과 정치적 지원이 불가피한 상황이다. 돈으로 선거하는 미국에서 친이스라엘 의원에게 막대한 선거 자금을 몰아주어 당선시키고, 이스라엘에 우호적이지 않은 후보자인 경우, 상대 후보에게 거액의 선거 자금을 몰아주어 낙선시키는 방식도 이들이 벌이는 일이다. 결국 미국 정계에서 살아남기 위해서는 친이스라엘 입장을 유지하는 게 유리하다.

2022년 미국 워싱턴 DC에서 열린 AIPAC 대회에는 대통령 오바마와 바이든, 부통령 해리스와 펜스, 공화당의 유력 정치인 니키 헤일리가 참석했고, 트럼프도 2016년에 참가한 바 있다.

또한 하원의원 마이클 맥콜, 상원의원 척 슈머도 이 대회에 참가했다. 미국에서 특히 정치에서 지도자로 성장하려면 AIPAC 회의에 참여하는 게 당연한 일로 여길 정도이다.

유대인과 복음파의 지원 아래 미국이 이스라엘을 편든다?

미국이 지원하는 유대교 이스라엘과 이슬람교 팔레스타인의 영토 분쟁

오랫동안 해결되지 않은 국제 정치 문제에는 종교가 결부된 경우가 많다. '중동의 화약고'로 불리는 팔레스타인 분쟁도 대표적인 종교 분쟁이다. 이 분쟁은 얼핏 중동 지역에 국한된 문제처럼 보이지만, 그 배경에는 멀리 떨어진 미국 국내의 '종교 사정'도 큰 영향을 미치고 있다.

그 사정을 자세히 알아보기 위해서, 우선 팔레스타인 분쟁의 개요를 살펴보자. 팔레스타인 분쟁은 유대교의 나라 이스라엘과 이슬람교 세력권인 팔레스타인 사이에 벌어진 영토 분쟁이자 종교 분쟁

상) 아랍-기독교 신문 팔라스틴(Falastin)에 1936년에 실린 캐리커처. 시오니즘을 영국 장교의 보호를 받는 악어로 묘사하면서 악어가 팔레스타인인들에게 "두려워하지 마! 내가 너희를 평화롭게 삼켜버릴 거야."라고 말하고 있다.

하) 1993년 백악관에서 미국의 클린턴 대통령은 이스라엘의 라빈 총리, 팔레스타인의 아라파트 의장을 만나 오슬로 협정을 중재했다. 오슬로 협정을 맺은 라빈 총리와 아라파트는 그 다음 해에 노벨평화상을 수상했다.

이다. 유대인들이 제2차 세계 대전 직후《성서》의 2000년 전 기록을 근거로 팔레스타인 지역에 이스라엘 국가를 세우면서 팔레스타인인은 격렬하게 저항했다.

두 나라는 결국 네 차례에 걸친 중동 전쟁을 치렀으며, 1974년 팔레스타인해방기구(PLO)는 유엔 총회에서 옵서버 자격을 얻었다. 또한 1991년에는 미국의 중재로 이스라엘과 PLO가 상호 승인에 합의했으나, 분쟁의 불씨는 남아 있었다.

오래전부터 미국의 지원을 받은 이스라엘의 경제력과 군사력은 점점 팔레스타인을 압도하게 되었다. 결국 2008년 12월에서 2009년 1월 사이에 이스라엘군이 팔레스타인의 거주지인 가자 지구를 침공한 결과, 일반 시민을 포함한 1,300명 이상이 사망하고 4,000채가 넘는 가옥이 파괴하는 심각한 피해가 발생했다. 한편 이스라엘 측 사망자는 치열한 전투였음이 무색하게 겨우 13명에 지나지 않았다.

이런 피해 상황을 보면 알겠지만, 이스라엘과 팔레스타인의 싸움은 마치 어른과 아이가 싸우는 것과 같다. 팔레스타인인은 점점 영토를 뺏기고 고립되어 가는 형국이다. 그러나 UN(국제연합)은 이스라엘을 제재하지 않았다. 이스라엘 또한 국제 사회의 비난 여론이 아무리 거세도 전혀 물러서지도 양보하지도 않는다.

그런데 이스라엘이 국제 사회로부터 비난받을 일을 저지르고도 이렇게 강경한 태도를 보일 수 있는 것은 배후에 미국이 버티고 있기 때문이다. 미국은 이스라엘의 건국 당시부터 유대인의 편을 들었고, 이후로도 줄곧 이스라엘을 옹호해 왔다. 그래서 UN이 이스라엘을 제재하려고만 하면 미국이 거부권을 행사하면서 든든한 바람막이가 되어주는 것이다.

유대인이 예루살렘을 점령한 이후
복음파는 이스라엘 건국을 지지했다

미국이 이렇게까지 이스라엘을 옹호하는 배경에는 미국 내의 강력한 유대인 세력이 있다. 미국에는 760만 명(2020년 기준)의 유대계 시민이 있는데, 숫자로만 보면 미국 전체 인구의 2.4%를 차지하는 소수 민족일 뿐이다. 하지만 그중에는 정치, 경제, 언론, 대중문화에 큰 영향력을 가진 사람이 많고, 그들이 미국의 여론을 친이스라엘로 유도하기 때문에 무시할 수가 없는 것이다.

실제로 미국 100대 부자의 30%, 노벨상 수상자의 30%, 아이비리그 명문대 교수진의 40%, 할리우드 영화계를 주도하는 사람의 60%가 유대계이다. 또한 연방 상원의원의 11%, 연방 대법관의 30%가 유대계이다.

거기에다 '기독교 원리주의'로 불리는 복음파의 영향력도 상당하다. 현재 미국에는 약 7,000만 명의 복음파 신자가 있다고 하는데, 그들 대부분을 적극적인 이스라엘 지지자로 분류한다.

앞에서 말했다시피 복음파는 《성서》를 문자 그대로 해석한다. 《성서》에는 '옛날에 유대인이 신으로부터 약속받은 땅을 모두 손에

넣어야만 그리스도가 재림한다'라는 말이 있다. 그래서 1967년 제3차 중동 전쟁으로 이스라엘군이 성지 예루살렘을 점령했을 때, 복음파 신자는《성서》의 내용이 실현되었다면서 고개를 끄덕였다고 한다.

다시 말해 유대인의 이스라엘 건국은 복음파에게 종교적으로 예언의 실현이자 정당한 행위였던 셈이다. 유대인이 예루살렘을 점령한 이후 복음파는 이스라엘 건국을 지지했고, 이러한 종교적 입장은 앞으로도 변함이 없을 것이다. 이처럼 미국이 이스라엘을 무조건 지지하는 배후에는 미국 정치권에 절대적인 영향력을 행사하는 유대계 시민과 복음파의 존재가 있다.

(3장)

5대 종교지도로
세계 경제를
읽는다

기독교와 불교에서 청빈을 강조하는 것과는 반대로, 유대교는 영리 추구를 긍정적으로 평가한다. 그런 이유인지 유대인은 대체로 상업적 재능이 뛰어난 것으로 잘 알려져 있다.

중국인과 인도인, 아랍인도 상업에 재능을 가진 민족으로 알려졌지만, 세계 제일의 장사꾼이 유대인이라는 데에는 이견이 없을 것이다.

그렇다면 유대인은 어떻게 비즈니스를 하길래 세계에서 유명한 갑부들이 많은 것일까?

종교개혁으로 탄생한 개신교의 칼뱅주의가 자본주의를 낳았다!

자본주의는 자유롭게 경쟁하고 일을 해서 돈을 벌 것을 권하는 경제 체제이다. 그런데 이 자본주의 이념이 실은 종교와 밀접한 관계가 있다. 공산주의는 종교를 탄압했지만, 개신교는 자본주의의 논리와 윤리를 제공하는 이념이기 때문이다.

자본주의와 종교의 관계를 연구한 사람은 독일의 경제학자이자 사회학자인 막스 베버이다. 특히 그는 자본주의 이해의 필독서로 일컬어지는 《프로테스탄트 윤리와 자본주의 정신》에서 개신교(특히 칼뱅파와 그 사상을 이어받은 청교도들)가 '금욕적인 노동'을 중시했던 것이 현대 자본주의의 근원이 되었다고 주장했다.

개신교와 가톨릭교는 신앙과 생활 윤리뿐 아니라 노동관에서도 차이를 보인다. 가톨릭교는 노동을 '인류의 조상 아담이 신의 명령

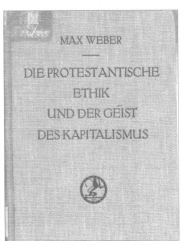

1918년의 막스 베버(좌). 저서 《프로테스탄트 윤리와 자본주의 정신》 초판본(우)

을 어기고 금단의 열매를 먹는 원죄를 저지른 데 대한 대가', 즉 신이 내리는 벌로 받아들이는 쪽이다. 《구약성서》에서 이자를 받는 행위를 금했다는 이유로 금융업 역시 '교리에 어긋나는 직업'으로 배척했다. 반대로 개신교는 노동을 미덕으로 생각한다.

"일은 신이 내려주신 사명이며, 근면은 신에 대한 신앙의 증거이다"

16세기 스위스에서 종교개혁을 주도한 칼뱅은 절약과 금욕을 강조함은 물론 "일은 신이 내려주신 사명이며, 근면하게 일을 하는 것은 신에 대한 신앙의 증거이다"라고 말했다. 그리고 금융업도 일

칼뱅의 초상화, 1550년경, 네덜란드 위트레흐트종교예술박물관

로 인정할 수 있다고 주장했다. 이런 칼뱅주의의 가르침에 따라, 개신교 사회는 원죄 의식에 얽매이기보다 열심히 일했고, 자본이 축적되면서 자본주의 경제활동에 꼭 필요한 금융업이 발달하기 시작했다.

칼뱅은 "신이 누구를 구원할지, 누가 천국에 가게 될지 미리 정해 놓았으며, 그것이 현세의 행동에 반영된다"라는 '예정설'을 주장했다. 어떤 직업에 종사하든 신에 대한 독실한 믿음으로 매일 최선을 다하면 구원을 확신할 수 있다는 것이다. 칼뱅의 예정설은 일의 성과를 올릴수록 구원이 더욱 확실해진다는 의미로 해석되어, 당시 봉건제에서 벗어나 자유와 경제력을 확보한 도시의 시민들과 상공업자들에게 적극적인 지지와 환영을 받았다. 이런 이유로 사람들은 '내가 천국에 과연 갈 수 있을까?', 하는 불안에서 벗어나기 위해서라도 더욱 열심히 일하게 되었다.

이들의 경제적인 성공은 유럽이 중세 봉건사회에서 근대 시민사회로 발전하게 하는 원동력으로 작용했다. 결국 개신교 사회에서는 누구나 당당하게 이윤을 추구할 수 있게 되었고, 금융업뿐 아니라 상업과 공업의 발달에 크게 이바지했다. 이렇게 자본주의의 원형이라 할 만한 칼뱅주의의 철학과 윤리는 대항해 시대의 흐름을 타고 전 세계로 퍼져나갔다.

특히 근면을 강조하는 칼뱅주의와 청교도 정신을 신봉하는 유럽 이민자들이 건국한 미국에서는 경제적인 성공이 구원의 증표라는 가치관이 확고하게 자리를 잡았다. 미국이 경제적으로 성공한 사람을 존경하고, 자본주의의 가치를 지키기 위해 노력하는 이유는 이런 가치관과 깊은 관련이 있을 것이다.

세계 경제의 주도권을
기독교 국가가 쥐고 있다?

2035년에는 'BRICs'의 GNP가
G7 전체에 필적할 것이라고 전망

'G7'은 미국, 영국, 캐나다, 독일, 프랑스, 이탈리아, 일본 등 경제 선진국 7개국의 정상들이 참석하는 회의체이다. 이들 중 미국, 영국, 캐나다, 독일의 4개국에는 공통점이 있다. 모두 개신교 국가라는 점이다(프랑스와 이탈리아는 가톨릭교).

다시 말해 제2차 세계대전 후 세계 경제의 패권은 대부분 기독교, 그중에서도 개신교 국가들이 쥐게 되었다. 앞서 말했다시피 자본주의가 개신교 국가에서 탄생했으니 당연한 결과라고 할 수도 있다. 그러나 최근 들어 세계의 경제 정세가 크게 달라지고 있다. 앞으로

세계 경제를 움직이는 국가의 종교는?

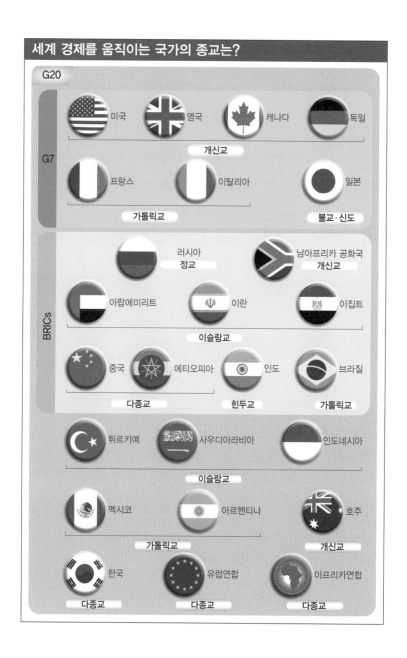

G20

G7

미국, 영국, 캐나다, 독일 — 개신교

프랑스, 이탈리아 — 가톨릭교

일본 — 불교·신도

BRICs

러시아 — 정교

남아프리카 공화국 — 개신교

아랍에미리트, 이란, 이집트 — 이슬람교

중국, 에티오피아 — 다종교

인도 — 힌두교

브라질 — 가톨릭교

튀르키예, 사우디아라비아, 인도네시아 — 이슬람교

멕시코, 아르헨티나 — 가톨릭교

호주 — 개신교

한국 — 다종교

유럽연합 — 다종교

아프리카연합 — 다종교

3장 5대 종교지도로 세계 경제를 읽는다 - 169

세계 경제를 주도할 것으로 예상되는 나라 중에 개신교 국가가 거의 없다는 다소 성급한 주장까지 나오고 있다.

예를 들어 신흥국의 대표 격인 'BRICs(Brazil, Russia, India, China)'를 보면, 브라질은 가톨릭교, 러시아는 동방정교, 인도는 힌두교, 중국은 다종교 국가이다. 이들 4개국이 세계 무역에서 차지하는 비율은 이미 미국을 웃돌고 있으며, 2035년에는 이들의 GNP가 G7(서방 7개 선진국) 전체에 필적할 것이라는 말도 나온다.

그뿐만 아니라 2023년에 남아프리카공화국에서 열린 회의에서는 사우디아라비아, 이란, 아랍에미리트, 아르헨티나, 이집트, 에티오피아 6개국이 추가로 가입하는 것이 결정되어 총 11개국으로 확대될 예정이다. 다만 정권을 교체한 후 집권한 하비에르 밀레이 아르헨티나 정부가 가입을 번복했고, 사우디아라비아의 경우 아직 가입하지 않은 채 검토 중으로 알려져 있기는 하다.

세계 경제 이끈 개신교 선진국의 쇠퇴, 가톨릭과 불교, 이슬람 신흥국의 부상

BRICs 외에도 경제 성장이 현저한 곳으로 멕시코와 아르헨티나, 필리핀 등 가톨릭교 국가, 베트남과 타이 등 불교 국가, 사우디아라비아, 튀르키예, 이란, 인도네시아 등 이슬람 국가가 주목받고 있다. 이런 비(非) 개신교 국가가 대두되는 첫째 요인으로는 각 신흥국의 인구수가 선진국을 압도한다는 점을 들 수 있다.

G7 회원국과 정상들

미국
도널드 트럼프
대통령

영국
키어 스타머
총리

프랑스
마크롱
대통령

독일
올라프 숄츠
총리

이탈리아
조르자 멜로니
총리

캐나다
쥐스탱 트뤼도
총리

일본
이시바 시게루
총리

G7은 주요 7개국 정상회담으로 G8이었다가 2017년 러시아 탈퇴로 G7이 되었다. 2024년 회담 주최국은 이탈리아로 6월에 파자노시티에서 열렸다.

반면 지금 많은 개신교 선진국은 인구 감소로 인해 경제가 정체 상태이거나 하락하는 중이다. 미국은 총인구로 보면 증가하는 추세이지만, 증가 인구의 대부분을 히스패닉계(Hispanic. 스페인어를 쓰는 중남미계 미국 이주민과 그 후손, 라틴아메리카 출신이라 해서 라티노(Latino)라고도 불린다)와 아시아계 이민자가 차지하고 있다.

한편 이슬람 국가들은 종교적인 이유로 다산까지 권장하고 있다. 또 BRICs의 국가들은 말 그대로 하나같이 엄청난 인구 대국이다. 2023년 기준으로 브라질은 2억 1,700만 명, 러시아는 1억 4,400만 명, 인도는 14억 4,000만 명, 중국은 14억 3,000만 명으로 서방 선진국들은 우선 인구수에서 개발도상국을 당할 도리가 없다. 이렇게 인구가 많으면 시장의 추가 확대와 노동력 향상 효과를 기대할 수 있고, 국가의 미래를 희망적으로 볼 수 있기 때문이다. 결국 이런 시각으로 여러 나라를 보자면, 인구 감소로 고민하는 선진국들은 쇠락의 내리막길로 들어섰다고 해도 과언이 아닐 것이다.

상인의 생활과 가치관을 반영한 이슬람교가 사막 대상에게 전파

중동의 이슬람 국가들은
'비즈니스'와 '종교'로 연결

'비즈니스'와 '종교'는 이슬람 국가들 사이에서 매우 강하게 연결되어 있다. 그리고 그 연결 고리를 잘 살펴보면, 왜 아랍 사회를 중심으로 이슬람교가 뿌리를 내렸는지도 알 수 있다.

예로부터 아랍의 사막 지역에는 낙타를 이끌고 교역하던 대상(隊商, 낙타나 말의 등에 비단이나 보석, 향신료 등의 귀중품과 특산품을 싣고 무리를 지어 다니던 상인)이 많이 살았다. 이들 상인을 '카라반'이라고 부르기도 하는데, 값비싼 물건을 싣고 사막이나 비단길 등 인적이 드문 곳을 다니기 때문에 도둑들의 표적에서 벗어나기 위해 집단을

그라시아섬 사이를 지나가는 무역 대상, 1839년, 데이비드 로버츠, 미국 의회도서관

이루어 교역에 나섰다.

그들은 낙타를 타고 짐을 꾸려 이 도시에서 저 도시로 이동하며 교역을 했다. 즉 조상 대대로 장사를 업으로 삼아 살아온 사람들이었다. 그런 사람들에게 이슬람교가 지지받은 것은 이슬람교에 상업을 중요시하는 가치관이 깊이 반영되어 있기 때문이다.

그 이유는 무엇일까? 교조 무함마드가 태어난 가문의 뿌리에 그 이유가 숨어 있다. 무함마드가 속한 쿠라이시족은 동서 교역의 중계지인 메카를 실질적으로 지배했던 명문가로, 일족의 대부분이 교역에 종사했던 상인 부족이다. 무함마드 역시 한 해에 여름과 겨울 두 차례씩 대상에 동행하면서 일을 했다. 이런 배경 때문에 경전인 《코란》에는 상인 무함마드의 가치관이 짙게 배어 있다.

《코란》에는 '상인' 무함마드가 가르치는 처세훈이 가득하다

예를 들어 '알라에게 좋은 것을 빌려줄 자가 없느냐'라는 구절은 믿음으로 알라를 따르고, 알라에게 모든 것을 바치라는 의미이다. '알라의 인도하심을 다 팔아치워 방황을 산다'라는 말은 알라의 가르침을 믿지 않고 다른 신을 숭배하는 것을 경계하라는 것이다. 그리고 '이 장사에서 손해를 본다'라는 말은 천국에 가지 못한다는 뜻이다.

이처럼 《코란》은 상인이 들려주는 처세훈 같은 구절들로 가득하다. 또 《코란》은 '계약의 중요성', '신의와 약속의 소중함', '성실성' 등을 거듭 강조한다. 이런 것들이야말로 거주지를 수시로 이동하는 유목 사회에서 살아가는 상인이 기본적으로 갖추어야 할 상도의일 뿐만 아니라, 변화무쌍한 인간관계 속에서 살아남을 수 있는 처세의 지침이기도 하다.

또한 이슬람교에서는 이익을 낼 것, 장사를 적극적으로 할 것 등을 권장한다. 때로는 '교활함'까지 장려하는 내용이 보이기도 하는데, 이것은 상인이 거래를 할 기회가 오면, 항상 이익에 민감해야 한다는 뜻으로 해석된다.

 지금까지 이야기한 것처럼 이슬람교는 상인의 생활과 가치관을 반영한 종교이기 때문인지 사막의 대상들이 쉽게 받아들이고 포교에도 적극적으로 나설 수 있었다. 노동을 하나의 징벌로 생각하여 꺼렸던 초기의 가톨릭교와는 아주 대조적인 모습이다.

중동 이슬람 국가의 석유는
과연 알라의 은혜인가?

1920년대 중동 지역에서 석유 확인, 이슬람 국가들도 산유국으로 행세

석유는 세계에서 가장 많이 사용하는 에너지원이다. 그런데 이 석유의 매장 분포도를 보면 이슬람권에만 유독 산유국이 집중되어 있음을 알 수 있다.

중동의 사우디아라비아, 아랍에미리트, 쿠웨이트, 이란, 이라크, 북아프리카의 알제리, 리비아, 동남아시아의 인도네시아 등등. 석유의 매장량이 많은 나라들 대부분이 약속이나 한 것처럼 모두 이슬람 국가인 것이다.

또한 석유 거래에 큰 영향을 미치는 OPEC(석유수출국기구)만 보

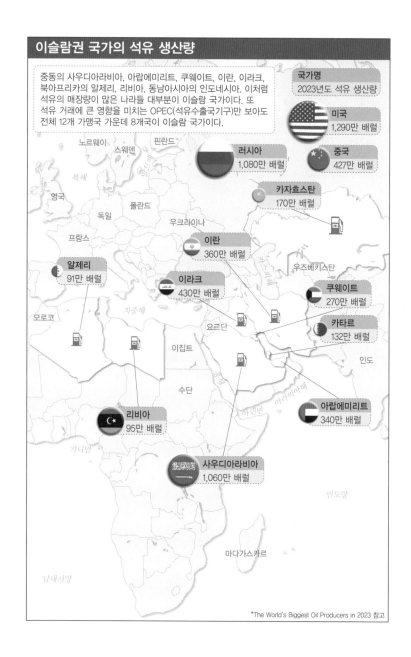

이슬람권 국가의 석유 생산량

중동의 사우디아라비아, 아랍에미리트, 쿠웨이트, 이란, 이라크, 북아프리카의 알제리, 리비아, 동남아시아의 인도네시아. 이처럼 석유의 매장량이 많은 나라들 대부분이 이슬람 국가이다. 또 석유 거래에 큰 영향을 미치는 OPEC(석유수출국기구)만 보아도 전체 12개 가맹국 가운데 8개국이 이슬람 국가이다.

국가명
2023년도 석유 생산량

미국
1,290만 배럴

러시아
1,080만 배럴

중국
427만 배럴

카자흐스탄
170만 배럴

이란
360만 배럴

알제리
91만 배럴

이라크
430만 배럴

쿠웨이트
270만 배럴

카타르
132만 배럴

아랍에미리트
340만 배럴

리비아
95만 배럴

사우디아라비아
1,060만 배럴

노르웨이 스웨덴 핀란드

북해

영국

폴란드

독일

우크라이나

프랑스

우즈베키스탄

모로코

지중해

요르단

이집트

인도

수단

마다가스카르

기니만

인도양

남대서양

*The World's Biggest Oil Producers in 2023 참고

쿠웨이트 연안의 석유시추시설

아도 전체 12개 가맹국 가운데 8개국이 이슬람 국가이다. 산유국들이 이처럼 심하게 편중된 탓에 이슬람교와 석유 사이에 무언가 관계가 있는 것처럼 생각되지만 이것은 단순한 우연에 불과하다.

석유는 아주 옛날에 살았던 플랑크톤과 수초, 동식물의 유해 등 유기물이 땅속 깊이 퇴적되어 있다가 화학적 변화를 일으킨 것이다. 특히 중동 지역에 대규모 석유가 매장되어 있는 것은 지질학적인 조건 때문이다. 그 지역에서 오래전부터 살아온 이슬람교도들은 석유를 '자원'으로 여기지 않아서 채굴할 생각조차 하지 않았고, 활용 방법도 모르고 매장된 채 있었을 뿐이다.

그러나 20세기 이후 미국과 유럽 여러 나라들이 내연기관(內燃機關)의 연료로 석유를 사용하면서 석유 확보에 주력하기 시작했다.

1920년대에는 중동 지역에 방대한 석유가 매장되어 있는 사실이 밝혀졌고, 제2차 세계대전 이후에 본격적으로 유전이 개발되기 시작했다. 그제야 석유가 '검은 황금'이라는 것을 안 이슬람 국가들도 산유국으로 대접받게 되었다. 이런 경위를 보면, 이슬람권 국가와 석유 매장지 사이에 과학적인 인과 관계는 없는 듯하다.

그러나 독실한 이슬람교도 중에는 매장된 석유를 단순한 우연으로 생각하지 않는 사람도 있다. 자국에서 생산하는 석유가 종교적 측면에서 알라의 은혜라는 것이다. 그래서 석유로 얻은 경제적인 혜택 또한 알라의 백성인 자국민에게만 주어져야 한다고 생각하는 경우도 많다.

아예 정부 차원에서 자국에서 생산된 석유는 모두 국가에 속한다고 법률로 정한 곳도 많으며, 석유에서 얻은 이익을 최대한으로 확대하는 것 또한 국가의 의무로 여긴다. 오늘날 석유를 수출해 막대한 부를 축적한 나라가 된 것도 알라의 은혜라고 여기며 종교 활동에도 헌신하는 것이다.

중동 산유국이 관광·금융업에 오일 머니를 쏟아붓는다

석유에 의존하던 이슬람 국가들이
새로운 분야의 경제 개발에 몰두

오일 머니는 중동의 이슬람 국가뿐 아니라 세계 경제에도 큰 영향을 미치고 있다. 석유를 팔거나 그 이익을 운용해 벌어들인 돈을 오일 머니라고 하는데, 미국 에너지정보청(EIA)에 따르면, '오일 머니는 향후 10년간 10조 달러에 달할 것이며, 이는 현재 중동 지역 국내총생산(GDP)의 5.3배에 달하는 규모'가 될 것이다.

한편 이런 오일 머니를 무기로 경제 성장을 지속하는 나라가 사우디아라비아와 아랍에미리트, 쿠웨이트, 카타르 등 아랍의 이슬람권 국가이다. 그렇다면 이들 나라에 석유는 알라의 은혜인 셈이다.

사우디아라비아 메카의 알베이트 타워, 2012년, © King Eliot, W−C

하지만 아무리 알라의 은혜라고 해도 석유를 무한정 퍼낼 수는 없다. 계속 퍼내다 보면 고갈되는 날이 반드시 올 것이다. 게다가 원유 가격이 앞으로도 계속 높게 유지된다는 보장이 없고, 환경 파괴의 주범인 이산화탄소의 배출 때문에 세계적으로 점점 석유 사용을 줄이려는 경향도 강해지고 있다. 이런 상황 때문에 사실 석유를 대신할 태양열 등 대체 에너지 자원의 연구와 개발에 세계 각국이 목을 매고 있는 실정이다.

사우디아라비아는 '네옴시티' 건설, 두바이는 관광업과 스포츠에 투자

이런 이유로 사우디아라비아는 얼마 전부터 정부 차원에서 관광업으로 눈을 돌려 이슬람권의 관광객을 유치하기 위해 열을 올리고 있다. 실제로 이슬람교의 성지 메카와 메디나에 호텔과 임대 아파트를 줄줄이 건설하는 등 성지를 활용하는 관광 사업에 적극적으로 뛰어들었다.

그리고 중동의 경제지도를 바꿀 만한 국가 전략 프로젝트 '비전 2030'을 빈 살만 왕세자의 주도로 추진하고 있다. 비전 2030은 오일 머니에 의존도를 낮추고, 산업 다각화와 함께 최첨단 미래 도시를 건설한다는 계획이다.

또한 사우디아라비아는 요르단과 시나이반도 사이에 홍해를 접한 사막 지대에 초대형 신도시 '네옴(NEOM)시티'를 건설해 장기적

금융업과 관광업에 사활을 건 이슬람 국가들

중동의 대다수 국가들이 쏟아지는 오일 머니로 급격한 경제 성장을 했다. 하지만 석유 고갈과 대체에너지 개발로 오일에만 의존한 경제 성장에 한계가 올 것으로 판단한 중동 국가들은 아시아나 아프리카의 신흥국에 돈을 투자하고, 자국 내의 새로운 비즈니스(금융산업과 관광사업) 육성에 올인하고 있다.

두바이

세계 제일의 고층 빌딩 부르즈할리파와 세계 최대의 인공섬 팜주메이라 등 관광명소가 즐비하며, 풍부한 엔터테이먼트로 관광객 유치에 사활을 걸고 있다. 상상할 수 있는 모든 것을 할 수 있다는 모토로 미래의 도시로 재도약할 준비를 하고 있다.

메카 관광사업과 네옴시티

메카와 메디나를 연결하는 선로와 공항 건설에 84억 달러를 투자할 예정이며, 중동에서 가장 큰 금융컨설팅 회사를 운영하고 있다. 모하메드 빈 살만 왕세자가 'SAUDI VISION 2030'을 통해 관광산업 육성을 표명한 후 다양한 프로젝트를 추진 중이다. 특히 NEOM 신도시에 올인하고 있으며 제약사업에도 뛰어들었다.

인터내셔널 서킷

사우디아라비아의 관문으로 술이나 돼지고기를 먹을 수 있어서 이슬람권 사람이 유흥을 즐기는 나라로 자리잡았다. 각국의 오일머니를 관리하는 금융센터를 운영중이며, 중동 최초로 F-1 그랑프리를 개최하고있다.

시리아 · 이라크 · 이란 · 요르단 · 카스피해 · 쿠웨이트 · 페르시아만 · 바레인 · 카타르 · 오만만 · 아랍에미리트 · 네옴시티 · 사우디아라비아 · 메카 · 홍해 · 오만 · 이집트 · 에리트레아 · 예멘 · 아덴만 · 지부티 · 에티오피아 · 소말리아

두바이 마리나의 스카이라인, 2020년, © Ahmed Hussain, W−C

으로 1,000만 명에 가까운 인구를 거주시킬 예정이다. '네옴'은 새로움을 뜻하는 그리스어 '네오(Neo)'와 미래를 뜻하는 아랍어 '무스타크발(Mustaqbal)'을 조합해 '새로운 미래'를 뜻한다.

그런가 하면 아랍에미리트 북부 해안에 있는 두바이는 중동 지역 관광의 중심지이자 세계적인 대도시로 부상했다. 석유 산업으로 이룬 부를 관광 관련 비즈니스에 끊임없이 투자한 결과 중동에서 가장 살기 좋은 도시에 선정되기도 했다.

두바이의 대표적인 상징은 세계 최고 높이의 빌딩 부르즈할리파

(첨탑 포함 높이 829m, 지상 163층)와 인공섬으로 알려진 워터프런트이다. 물론 더 많은 관광객을 유치하기 위한 건설 프로젝트와 국제적인 스포츠 행사까지 과감한 투자에 나서고 있다.

경제의 기반을 금융업으로 옮긴 나라도 많다. 알라의 은혜로 얻은 오일 머니를 아시아나 아프리카의 신흥국에 투자하고 자국 내의 새로운 비즈니스 육성에 투입하고 있다. 말하자면 '석유로 번 돈'을 '탈(脫)석유 산업'의 발전에 활용하는 셈이다.

한편 1970년대에 석유가 고갈되기 시작한 작은 나라 바레인은 각국의 오일 머니를 모아 관리하는 금융센터를 개설해 금융 입국으로 전환을 꾀하고 있다. 향후 이슬람 세계의 경제는 오일 머니를 대체할 수 있는 산업의 성공 여부에 달려 있다고 해도 과언이 아니다.

이슬람권 국가에서는 은행이 어떻게 돈을 버는가?

《코란》이 금한 술, 도박, 포르노, 무기와 관련된 사업에는 투자할 수 없다

돈을 융자해 주는 대신 이자를 받아 수익을 내는 것이 일반적인 은행의 경영 방식이다. 그러나 이슬람교에서는 《코란》의 가르침에 따라 이자를 받을 수 없다. 이자는 아무런 노동 없이 시간이 흘렀다는 이유로 화폐의 가치가 늘어나는 불로소득이며, 가난한 자를 더 가난하게 만든다고 가르치기 때문이다.

그렇다면 이슬람권의 은행들은 어떻게 수익을 내는 것일까? 《코란》의 가르침을 지키면서 수익을 내는 이슬람 금융업은 이자를 배당수익 등으로 대체한 구조를 활용하고 있다.

바레인 중앙은행 주최로 열리는 세계이슬람은행컨퍼런스(WIBC), 1,300명 이상의 이슬람 금융권 대표들이 모인다고 알려져 있다.

예금과 대출에 대해 이자를 받지 않고 상호투자를 하는 '무다라바(Mudaraba)'가 이런 형태이다. 즉 은행과 고객은 상호 파트너 자격으로 투자에 참여하고, 수익과 손실도 계약서에서 미리 합의한 비율로 나누는 방법이다.

또 많은 이슬람 은행이 주로 취급하는 '무라바하(Murabaha)'도 활성화되어 있다. 무라바하는 우리 식으로 말하면 할부금융인데 실물 자산 매매 방식의 가장 일반화된 이슬람 금융 상품이다. 무라바하는 자동차 할부 대출, 주택 구입 자금 대출, 기계 설비나 원자재 구매 대출에 적용되고, 이슬람 은행 전체 자산의 70% 이상을 차지하고 있다고 알려져 있다.

이 밖에 이슬람 원칙에 근거한 이슬람 금융 상품으로는 이자라(Ijara, 리스), 이스티스나(Istisna, PB), 무샤라카(Musharaka, 출자), 타카풀(takaful, 보험) 등이 있다.

한편 이슬람 금융에는 '샤리아'에 반하는 거래를 해서는 안 된다는 원칙이 있다. 샤리아란 이슬람법에서 정한 행동 지침으로, 《코란》이 금한 돼지고기와 술, 도박, 포르노, 무기, 담배와 관련된 사업에는 투자할 수 없다는 내용이다. 샤리아에 저촉되는지 아닌지는 이슬람 법학자 조직인 '샤리아 보드'가 심사한다.

이슬람 금융의 원형은 1970년대부터 있었지만, 세간에 그다지 알려지지 않았다. 그러다가 9.11 테러 이후 서구의 이슬람 사회에 대한 경계심이 강해지는 바람에 이슬람교도들이 이슬람 금융에의 투자를 확대하기 시작했다.

현재는 이슬람권 국가의 경제 발전으로 인한 풍부한 자금과 이슬람 계율을 지키는 선에서 이루어지는 거래의 건전성 덕분에 서구권에서도 이슬람 금융을 많이 이용하고 있다.

돼지고기를 금지하는 '할랄 산업'은
이슬람 국가에서 유망한 비즈니스

종교에 따라 특정 동물의 고기를 금지하는 경우가 있다. 힌두교에서는 소를 신성하게 여겨서 소고기를 엄격하게 금하고, 유대교에서는 비늘과 지느러미가 없는 물고기(장어, 메기, 문어, 오징어 등)를 금한다. 기독교에서는 신대륙에서 들어온 토마토와 감자를 악마의 음식으로 여겨 금한 적이 있지만 고기를 금한 적은 없었다.

또한 이슬람교에서는 돼지고기와 술을 금한다. 이들은 소고기와 양고기라도 이슬람교의 율법에 따라 해체된 것, 즉 할랄(HALAL, 아랍어로 신이 허용한다는 뜻) 식품이어야 한다. 고기를 조미료의 원료로 사용할 경우에도 할랄의 조건을 만족해야 하며, 화장품과 의약품, 치약의 효소 등도 할랄인지 아닌지가 중요하다.

최근에는 할랄 식품과 관련한 비즈니스가 주목받을 정도로 이슬람 국가들의 소비력과 구매력이 향상됐다. 이슬람권의 중동 지역에서 경제가 급격히 성장하고 인구가 늘어나는 중이기 때문이다. 유럽과 호주의 이슬람계 이민자도 증가하는 추세이다. 따라서 할랄 식품 시장은 향후 대폭 확대될 것으로 예상된다.

국제적인 패스트푸드점 중에도 '할랄 인증'을 내건 곳이 많다. 또한 이를 간파한 말레이시아는 할랄 산업의 육성에 힘을 기울이고 있다.

말레이시아는 할랄의 국가 규격을 정한 유일한 나라로 평가받는다. 할랄 인증은 종교 단체 등이 실시하는 것이 일반적이지만, 말레이시아에서는 총리 직할 기관인 '할랄산업개발공사(HDC)'의 규격을 통과한 제품에만 할랄 인증 마크를 주고 정부 주도의 기준이 명확해서 말레이시아의 할랄 식품은 국제적인 신용도가 가장 높다.

한편 말레이시아 정부는 지금도 할랄 전용 공업단지를 정비하고,

말레이시아 쿠알라룸푸르에서 열린 2024 국제 할랄 무역박람회 포스터. 세계에서 가장 큰 할랄 무역박람회로 시장 규모가 2,600조 원이라고 알려져 있다.

세금의 면제 · 공제 등의 특례를 제공하면서 국내외 투자자를 모집하고 있다.

물론 다른 문명권에서 말레이시아처럼 이슬람교의 사고방식을 완전히 이해하고, 거기에 맞춰 비즈니스를 전개하고 구축하기란 그리 쉬운 일만은 아니다.

세계 최고 장사꾼 유대인에게 '상인의 피'가 흐른다!

유대인은 어떤 비즈니스를 하길래 세계에서 유명한 갑부들이 많을까?

기독교와 불교에서 청빈을 강조하는 것과는 반대로, 유대교는 영리 추구를 긍정적으로 평가한다. 그런 이유인지 유대인은 대체로 상업적 재능이 뛰어난 것으로 잘 알려져 있다.

중국인과 인도인, 아랍인도 상업에 재능을 가진 민족으로 알려졌지만, 세계 제일의 장사꾼이 유대인이라는 데에는 이견이 없을 것이다. 그렇다면 유대인은 어떻게 비즈니스를 하길래 세계에서 유명한 갑부들이 많은 것일까? 유대인의 비즈니스에는 세 가지 특징이 있다.

뉴욕 맨해튼의 다이아몬드 거리, ⓒ ChrisRuvolo, W–C
다이아몬드의 유통과 가공 시장을 장악하고 있는 유대인들을 중심으로 형성된 이곳에서
전 세계 다이아몬드 거래량의 50%가 거래된다.

　첫째, 유대인은 금을 비롯한 보석 종류를 다루는 비즈니스에 강
하다. 유대인은 예로부터 기독교의 탄압을 받아, 천한 직업으로 알
려진 금융업에 종사할 수밖에 없었다. 또 수시로 타민족에게 박해
받거나 추방당했기 때문에, 부동산이나 가축을 소유했다가도 버리
고 떠나야 할 때가 많았다. 그래서 휴대와 은닉이 편리한 금과 은
등 보석류를 취급하는 일을 생업으로 삼게 되었다.

미국에서 성공한 유대인 사업가들

거저 받은 보푸라기도 모아서 자으면 실이
되고, 그 실의 질이 좋다면 장사를 할 수
있다는 논리로 유대인은 사업을 키웠다.
또 세계 각지에 흩어져 살았기에
환전업이 절실했고, 이자 받기를
죄악시했던 기독교도들이 금융업을
기피한 거기에 뛰어들어 사업을
확장하고 부호가 되었다.

허드슨만

조지 소로스
George Soros

현존하는 세계 최고의 펀드매니저로
소로스펀드매니지먼트 회장이다.
나치의 박해에서 살아남은 후 여러
투자를 통해 10조 원의 자산을
획득한 전설적인 인물이다.

캐나다

헨리 크래비스
Henry Kravis

월스트리트의 전설로 불리는 억만
장자로 한 해에 500조를 굴리는
사모펀드 투자회사 KKR을 세웠다.
M&A(인수합병)의 대가이며
나비스코, 토이저러스, 듀라셀 등을
인수했다.

래리 페이지
Larry Page

검색 엔진이 된 구글의 공동
창업자이자 컴퓨터 과학자로
포브스 기준으로 2023년 세계
부자 순위 7위이다. 검색 로봇과
수집한 데이터를 분석하는
알고리즘을 만들기도 했다.

미국

뉴욕

뉴욕

북대서양

캘리포니아

텍사스

북태평양

멕시코만

조지 루카스
George Lucas Jr

미국의 영화감독이자 시각효과
회사인 ILM의 대표로 영화
스타워즈 시리즈와 인디아나 존스
시리즈를 만들었다. 포브스
기준으로 2024년 유명인 억만
장자 순위 1위이다.

마크 저커버그
Mark Zuckerberg

멕시코

IT 기업인 메타 플랫폼스(구
페이스북)의 설립자이자 대표로
포브스 기준으로 2024년 세계
부자 순위 4위이다. 삼성 갤럭시의
팬으로 알려져 있으며 많은
기부로도 유명하다.

둘째, 유대인은 발전 가능성이 큰 미성숙한 시장을 판단하고 진입하는 데 매우 탁월하다. 예를 들어 완구와 화장품을 취급하는 산업은 20세기 중반의 미국에서는 소자본으로도 진입할 수 있는 미성숙 비즈니스 분야였다. 유대인은 이러한 틈새시장에 빠르게 파고들었고, 뛰어난 아이디어 하나로 사업을 성장시켰다. 화장품의 에스티로더사와 완구의 마텔사 등은 유대계 미국 이민자가 뛰어든 스몰 비즈니스에서 출발한 기업들이다.

신문과 영화 등 미디어 산업과 IT산업 등의 정보통신 분야도 마찬가지로 많은 유대인 창업자나 경영진이 포진하고 있다. 구글을 창업한 래리 페이지와 세르게이 브린, 페이스북의 창업자 마크 저커버그를 비롯해 소프트웨어 회사인 오라클의 회장 래리 엘리슨도 유대인이다.

셋째, 유대인은 백인 엘리트층이 무시하는 산업, 즉 카지노 등의 오락업과 관광업에 진출했다. 특히 카지노업은 범죄 집단과 연결되지 않으면 정상적인 비즈니스가 불가능하다는 평판이 파다해서 본격적으로 손을 대려는 사람이 없었다. 하지만 유대인은 그럼에도 불구하고, 돈이 된다고 판단하면 망설임 없이 진출한 것이다.

그리고 보면 유대인은 박해와 추방 등 역경에 좌절하기는커녕, 그 역경을 딛고 일어서서 비즈니스를 성공시키는 저력을 보여주었다.

반면 유대인이 전혀 진입하지 못한 분야도 있다. 대규모 공공사업을 비롯해 보험, 자동차, 철강 등 국가 주도의 기간산업이다. 이런 분야는 일찍부터 대규모 사업으로 자리 잡은 분야였을 뿐만 아니라, 특히 미국의 건국과 발전을 주도한 와스프의 독점이 절대적이었기 때문이다. 석유 산업 역시 일찌감치 와스프의 지배권이 확립된 데다가, 아랍이 국제 석유 자본의 한 축을 차지하고 있었기 때문에 유대인이 진입하기가 어려웠다.

불리한 조건에서 비즈니스를 시작해
성공을 거머쥐는 유대인의 상법

유대교 경전인 《탈무드》에는 양모에서 나온 '보푸라기'를 하청인이 받아 가는 이야기가 나온다. '거저 받은 보푸라기라도 모으고 자아 실로 만들고, 그 실의 질이 좋다면 장사를 시작할 수 있다'라는 것이다. 실제로 보푸라기와 자투리 천을 모아 원료 가게에 팔면서 사업을 키워 회사 경영자가 된 유대인도 있다.

서구의 유대인은 불리한 조건에서 비즈니스를 시작해 발상의 전환으로 성공을 거머쥐었다. 상식에 얽매이지 않는 유대인의 상법은 그들의 전통이라 할 수 있다. 그런 발상은 지금 어느 나라에서나 좋은 평가를 받고 있다.

이런 독특한 발상으로 성공한 사례를 하나 들어보자. 19세기 말 영국에 살던 러시아 출신의 유대인 마이클 마크스는 사람들이 값이 싼 생활용품만으로도 즐거워한다는 점에 착안했다. 그래서 친구였던 토마스 스펜서와 함께 노점에 여러 생활용품을 펼쳐놓고 '모

마이클 마크스(좌), 토마스 스펜서(우)

두 1페니(1파운드의 100분의 1에 해당하는 영국 동전)'라고 쓴 간판을 세운 뒤 장사를 시작했다. 그러자 3년도 지나지 않아 이들이 연 가게는 영국 전역으로 확대되었고, 그들은 성공한 사업가가 되었다. 급기야 마크스의 '1페니 샵'은 점점 발전해 결국 '마크스앤스펜서'라는 브랜드로까지 발전한다.

그 외에도 아주 낮은 가격으로 상품을 팔아 성공한 사례가 많다. 컴퓨터 회사인 델도 그중 하나이다. 일반적인 컴퓨터 회사는 '최고의 성능, 최신의 기능을 탑재한 컴퓨터'라야 잘 팔린다고 생각했지만, 창업자인 마이클 델은 그 상식에 얽매이지 않았다. 최고, 최신이 아니어도 값이 싸다면 얼마든지 구매하겠다는 고객의 심리를 간파한 것이다. 그래서 적당한 성능이지만 싸고 튼튼한 컴퓨터로 시장을 개척하기 시작했다. 최고, 최신의 기술을 개발할 비용을 절감

브라질 파울리스타 애비뉴 약국, 2017년, © Wilfredor, W-C
일부 국가는 제네릭 약품이 전체 의약품의 20%를 차지하고 있다고 알려져 있다.

해 더 많은 고객을 확보하는 데 활용하는 전략을 채택한 것이다.

이런 전략을 제네릭 의약품(Generic Medicine, 카피약 혹은 복제약이라고
불린다)에서도 엿볼 수 있다. 제네릭이란 비용과 시간과 노력이 많이
드는 신약 개발을 일부러 피하고, 다른 제약 회사가 개발해 특허권이
만료된 의약품을 재생산하고 낮은 가격으로 판매하는 수법이다.

세계 최대의 제네릭 의약품 회사인 테바(Teva Pharmaceutical Industries)
는 이스라엘에 본사를 둔 이스라엘 기업이며, 미국의 제네릭 약품 제
조사 대부분이 유대인의 소유이다. 이처럼 자신만의 창의력을 발휘해
막대한 수익을 올리는 유대인의 장사 수완은 분야를 가리지 않는다.

어떻게 '유랑 민족' 유대인이
세계 금융계를 장악했는가?

《성서》에서 금한 금융업에 종사하는
환전상으로 막대한 부를 축적

골드만삭스, 살로몬브라더스, 로스차일드, 소로스펀드매니지먼트, 블랙스톤, 체이스맨해튼 등, 세계 금융의 중심지인 미국 월스트리트를 유대계가 장악하고 있다는 사실도 주목해야 한다.

이 회사들은 모두 예전에 미국 금융의 중심지 월가를 주름잡던 유대계 투자은행(산업자금 조달과 합병, 매수 등에 대한 상담·조언 서비스를 제공하는 금융 기관)이다. 즉 이들은 하나같이 유대계, 혹은 유대계 색채가 강한 금융 기관이다.

유대인은 왜 금융업에 뛰어난 것일까? 그 이유는 유대인이 지금

대추야자에 새긴 무라슈상회 명판, 미국 필라델피아 펜뮤지엄

까지 살아온 역사에서 찾을 수 있다. 원래 유대인과 금융업은 오래 전부터 밀접한 관계였다. 기록으로 남아 있는 세계 최초의 대부업체인 고대 바빌로니아의 '무라슈상회'도 유대인 70명이 출자해 만들어졌다고 한다. 기원전 6세기에 바빌로니아에 포로(바빌론 유수)로 잡혀간 시절에도 금융업으로 돈을 번 것이다.

또 고대의 유대인은 법적으로 수입의 10%가량을 고향인 팔레스타인 교회에 내야만 했다. 그런데 당시 유대인은 이미 여러 나라들로 흩어져 살고 있었기에 각지에서 다양한 화폐가 유입되었다. 이런 이유로 그들에게는 환전업이 절실했고, 유대인은 그 일을 원활하게 처리하면서 금융업을 발전시켰다고 한다.

네덜란드와 영국, 미국에 설립된
은행의 중심에는 유대인이 있다

한편 중세 기독교 국가는 이자를 받는 행위를 금지했으므로, 기독교도는 아무도 금융업에 종사하려 하지 않았다. 그러나 기독교도들의 차별로 직업의 선택을 제한당한 유대인은 1215년에 기독교 공의회의 결정에 따라 공직에서 추방당하기까지 해, 결국 비천하게 여겨지던 금융업에 종사할 수밖에 없었다. 기독교도는 자신들이 싫어하는 유대인이라면 금융업으로 이자를 받는 죄를 지어도 상관없다고 생각했던 것이다.

반면 이런 환경이 오히려 유대인들이 나중에 세계 금융계를 장악할 수 있는 요인으로 작용했다는 게 아이러니하다. 《성서》에서 금지한 일인데도, 유대인이 금융업에 최선을 다한 것은 세금을 착취당하는 만큼 수입을 보충해야 했기 때문이다. 따라서 유대인은 다양한 계층에게 돈을 빌려주고 이자를 받았다.

17세기 이후 네덜란드를 비롯해 영국과 미국에 설립된 많은 은행

성전 앞에서 환전상을 채찍으로 쫓아내는 예수(프레스코), 1304~1306년, 지오토 디 본도네, 스크로베니예배당

의 중심에는 유대인이 있다. 19세기 중반에 생겨난 투자은행도 유대인이 설립한 것이 많다. 유대인이 금융업에 강한 것은 인류의 역사가 낳은 필연적인 결과의 하나일 뿐이다. 유대인의 디아스포라(추방)가 세계 금융계를 주도하는 주역으로 만든 것이다.

인도 경제를 견인하는 IT산업이 카스트 제도를 무너뜨린다?

힌두교의 카스트 제도가
인도의 경제 성장을 가로막는다?

인도는 이제 중국과 어깨를 나란히 하는 아시아의 2대 강국 중 하나가 되었다. 인도의 경제 성장률이 중국을 추월해 아시아에서 가장 급속도로 경제 성장을 이루고 있다. 그러나 인도에는 국가의 성장을 가로막을 만큼 나쁜 전통이 있다. 바로 힌두교의 카스트 제도이다.

카스트 제도는 고대 브라만교 율법 경전인 《마누 법전》을 기반으로 만들었는데, 바르나(신분)로 정해진 계급을 세세히 나누어 법제화한 것이다. 착취에 기초한 철저한 계급사회를 지향하는 것으로

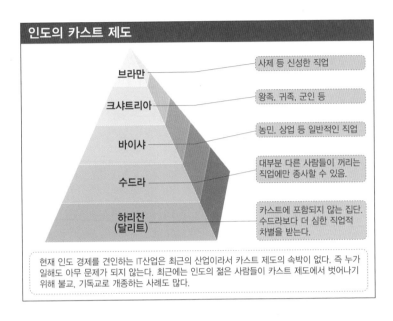

인도의 카스트 제도

브라만 —————— 사제 등 신성한 직업

크샤트리아 —————— 왕족, 귀족, 군인 등

바이샤 —————— 농민, 상업 등 일반적인 직업

수드라 —————— 대부분 다른 사람들이 꺼리는 직업에만 종사할 수 있음.

하리잔
(달리트) —————— 카스트에 포함되지 않는 집단. 수드라보다 더 심한 직업적 차별을 받는다.

현재 인도 경제를 견인하는 IT산업은 최근의 산업이라서 카스트 제도의 속박이 없다. 즉 누가 일해도 아무 문제가 되지 않는다. 최근에는 인도의 젊은 사람들이 카스트 제도에서 벗어나기 위해 불교, 기독교로 개종하는 사례도 많다.

강제된 신분 세습제이기 때문에 개인의 자질과 능력에 따라 바꿀 수 없고, 또 카스트별로 종사해야 할 직업도 따로 정해져 있다.

1950년에 카스트 제도에 의한 차별을 금지하는 헌법이 제정되었으나, 카스트 제도 자체를 금지하는 법률은 아직 없다. 힌두교와 카스트 제도는 불가분의 관계이기 때문에 카스트 제도를 금지하면 힌두교의 뿌리를 흔드는 격이 되는 것이다.

그런데 이런 제도가 오랫동안 지속될 수 있었던 것은 거기에 긍정적인 경제 효과가 있었기 때문이라고 한다. 계층별로 자신이 해야 할 일이 이미 정해져 있으므로, 결과적으로는 사회 내에서 일을 서로 분업할 수 있는 것이다. 하층 계급 사람들도 저임금이기는 하지만 일정한 수입을 보장받게 되는 셈이다. 하지만 최근에는 경제적으로 부정적인 효과가 두드러지면서 카스트 제도가 경제 성장의 걸림돌로 작용한다는 비판이 많이 나오고 있다.

인도의 카스트 제도가 종교 차원에서 사회 질서를 유지하지만, 다양한 인재를 필요로 하는 첨단 산업이 주도하는 경제 발전에는 걸림돌로 작용한다는 지적이다. 그런데 아예 카스트 제도 밖에 존재하는 계층도 있다. 이 계층은 다섯 번째 카스트, 즉 불가촉천민 '달리트(Dalit, 억압받는 사람들)'를 말하는데, 이름 그대로 힌두교도와 접촉하면 안 되는 사람들이다.

인도 전체 인구의 17%에 이르는 이들은 힌두교도들 사이에서 아예 인간 취급을 받지 못한다. 이들이 종사하는 직업은 화전민, 사체 처리, 화장실 청소를 비롯해 사회적으로 가장 천하고 힘든 노동을 하며 매우 궁핍한 삶을 살고 있다.

1955년에 차별 금지 법안이 마련돼 카스트 제도를 법으로는 폐지하고 차별도 철폐했지만, 인도인들의 종교와 정신을 지배하던 카스트 사상은 달리트를 여전히 사회에서 배제하고 있는 실정이다.

IT산업 등 새로운 첨단 산업에서
카스트에 관계 없이 능력을 발휘

반면 최근 인도의 경제 성장은 상위층 카스트의 개인 소비에 힘입은 바가 큰데, 그것이 점점 포화 상태에 가까워지면서 더 이상의

신도 버렸다는 인도 최하위층 불가촉천민들의 2018년 시위, 암리차르 로이터 뉴스 사진

내수 확대를 기대할 수 없다. 또 중하위층 카스트가 직업 선택의 자유가 없어서 부유해지는 데 한계가 있으므로 내수 확대에 공헌하기도 어렵다. 결국 이런 사회 구조에서는 경제를 호전시킬 수 없다는 진단이 내려진 것이다.

그래서 인도 사람들은 새로운 산업에 기대를 걸고 있다. 현재 인도의 경제를 견인하는 IT산업은 최근에 등장한 산업이기 때문에 일단 카스트 제도에 따른 직업적인 속박이 없다. 즉 카스트에 관계 없이 누가 종사해도 문제가 없는 직업인 셈이다. 또한 이런 탈(脫) 카스트 산업이 확대되어 많은 사람을 고용한다면, 중하위층 카스트의 소득 증대로 이어져 구매력이 높아지고, 경제 성장에도 이바지할 수 있다는 전망이 나오고 있다.

지금은 어느 정도 교육을 받은 상위층 카스트가 IT산업의 고용을 독차지하고 있지만, 정부는 이런 차별을 없애기 위해 하위층 카스트의 교육에도 힘쓰고 있다. 그래서 이들은 IT산업 등 새로운 첨단 산업에서 카스트에 얽매이지 않고 자기의 능력을 발휘할 가능성이 높다.

최근에는 인도의 젊은 사람들이 카스트 제도에서 벗어나기 위해 불교, 기독교로 개종하는 사례도 많다. 그리고 지방에서 도시로 이주한 사람들은 카스트 제도의 족쇄에서 벗어나 비교적 자유롭게 생활한다고 한다. 카스트 제도가 무너질 때 인도의 진정한 발전이 시작될 것이다.

4장

5대 종교지도로
세계 분쟁을
읽는다

'이슬람교는 과격한 종교, 이슬람교도는 호전적인 사람들'이라고 생각하는 경우가 많다. 본래 이슬람교는 평화를 존중해, 인간의 존엄을 짓밟히지 않는 한 싸움을 하지 말라고 가르친다. 또 성전(聖戰)으로 해석하는 '지하드' 역시 노력(분투)을 의미하는 아라비아어로, 다음과 같은 두 가지 의미로 쓰인다. 첫째는 대(大) 지하드로, 자기 내면의 '악'과의 싸움 또는 정신적인 수양을 가리킨다. 둘째는 소(小) 지하드로, 공동체를 침략한 적과의 싸움을 가리킨다.

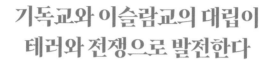

기독교와 이슬람교의 대립이
테러와 전쟁으로 발전한다

중동 이슬람 국가의 반미 감정이
9.11 테러 이후 문명 충돌로 발전

　1990년대 초까지의 전쟁과 분쟁은 자유주의와 공산주의 사이에 일어난 동서 냉전과 같이 이념 대립으로 인한 것이 많았다. 그러나 최근에는 종교 간의 대립이 빈발하고 있다.

　2000년 이후에는 특히 기독교 세계와 이슬람 세계의 대립이 두드러진다. 2001년 9.11 테러를 기점으로 해서 충돌이 더욱 심화하고 있다. 그런데 1996년에 이런 종교 대립을 이미 예언한 학자가 있었다.

　그가 바로 미국의 국제정치학자 새뮤얼 헌팅턴이다. 그는 자신의

9.11 테러 당시의 뉴욕 세계무역센터. © Robert J. Fisch, W-C

저서 《문명의 충돌》에서 '동서 냉전 후에는 종교와 언어를 중심으로 한 문명과 문화의 충돌이 세계 각지 분쟁의 주된 원인이 될 것이다'라는 주장을 했다. 또한 헌팅턴은 서구, 동방정교, 중국, 이슬람, 힌두, 남아메리카, 아프리카의 각 문명 중 서구 문명(기독교)과 이슬람 문명(이슬람 세계)이 대립할 가능성이 가장 높다는 경고도 했다.

물론 헌팅턴의 주장은 당시에 큰 화제가 되었지만, 이를 비판하는 사람도 매우 많았다. 그러나 알 카에다의 9.11 테러 이후 이어진 미국의 아프가니스탄 침공, 이라크 전쟁, 이슬람 과격파에 의한 테러 확대. 친미 관계인 이스라엘과 이슬람 원리주의 하마스의 전쟁 등 여러 상황을 보면 헌팅턴의 주장이 터무니없는 것만은 아니라는 설득력이 더해지고 있다.

그렇다면 앞으로 양자의 대립이 해소될 가능성은 있을까? 아니면 대립이 더욱 심각해져 대규모 무력 충돌로 이어질까?

사실 이슬람 세계의 반미 감정은 그렇게 간단하게 해결될 문제가 아니다. 미국이 유대교 국가인 이스라엘과 밀접한 관계를 유지한다는 이유 하나만으로도 이슬람교도들의 반미 감정은 뿌리가 깊기 때문이다.

게다가 9.11 테러 이후 미국이 중동 각지에서 '대테러 전쟁'을 벌이는 바람에 상황이 더 악화한 점도 한몫을 한다. 2010년에 중동의 이슬람 국가들이 실시한 조사에 따르면 이슬람 시민의 80% 이상이 반미 감정을 품고 있다는 결과가 나왔다는 보고도 있다. 즉 미국을 비롯한 기독교 세계가 이슬람 세계에 대한 압박을 더욱 강화할수록 본격적인 '문명 충돌'로 확대할 가능성도 있다는 것이다.

기독교 세력의 '십자군 전쟁'과
이슬람 세력의 '대서방 지하드'

2000년대 전반의 세계 정세는 '미국 대 이슬람 국가'라는 구도로 요약할 수 있다. 약 3,000명의 목숨을 앗아간 9.11 테러가 일어난 후, 미국은 이슬람 국가들에 대한 반격에 나섰다.

기독교 세계와 대립하는 나라는?

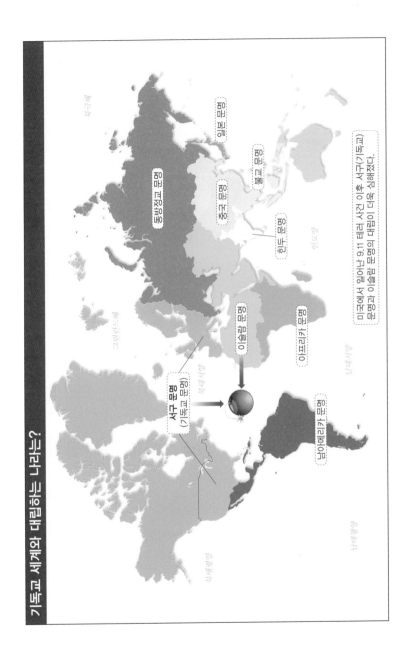

동방정교 문명

중국 문명

불교 문명

힌두 문명

이슬람 문명

아프리카 문명

일본 문명

서구 문명
(기독교문명)

라틴아메리카 문명

미국에서 일어난 9.11 테러 사건 이후 서구(기독교) 문명과 이슬람 문명의 대립이 더욱 심해졌다.

북극해

인도양

그린란드

대서양

지중해

북대서양

북태평양

남대서양

남태평양

2001년 10월에는 미국의 부시 대통령이 '현대의 십자군'이라는 슬로건을 내걸고, 오사마 빈 라덴의 인도를 거부한 아프가니스탄의 탈레반 정권을 공격했다. 그리고 2년 뒤인 2003년에는 이라크를 침공했다. 이라크가 대량 살상무기를 보유하고 있다는 사실을 빌미로 삼아 영국, 호주 등과 연합군을 결성해 후세인 정권을 공격한 것이다.

미국은 이런 일련의 대테러 전쟁으로 아프가니스탄에서는 탈레반 정권을 붕괴시켰고, 이라크에서는 후세인 정권을 타도하는 등 일정한 성과를 올렸다. 그러나 테러 세력을 완전히 뿌리 뽑지 못한 채 아프가니스탄과 이라크의 국내 정세만 극도로 불안해졌다.

미군 철수 이후 이라크는 내전 상태, 아프가니스탄은 탈레반이 재집권

후세인 정권이 붕괴한 후 이라크에서는 시아파와 수니파의 항쟁과 반미 테러, 시민의 약탈 등이 연달아 일어났고, 결국 나라 전체가 거의 내전 상태에 빠졌다. 그러나 다행히 2006년에 시아파, 수니파, 쿠르드족이 연립 정권을 수립해 민주화를 어느 정도 진척한 덕분에 미군은 2009년 도심에서 철수하기 시작했다.

미국은 2011년 말까지 이라크에서 완전히 철수하면서 종전을 선언했다. 하지만 미국 철수 이후 IS(Islamic State, 이슬람국가)가 이라크 국내 혼란을 틈타 세력 확장에 나섰다.

이라크는 미군이 철수한 지 3년 만에 다시 내전 상태에 돌입해 혼

오사마 빈 라덴, 사우디아라비아의 억만장자로 국제 테러리스트 조직 알 카에다의 지도자였으며 2011년 미국이 사살했다.

란에 빠졌다. 이슬람 수니파 무장 단체인 이라크·시리아 이슬람국가(ISIS)가 2014년 6월 이라크의 모술을 점령하고, 수도 근처에서 정부군과 교전을 벌이며 바그다드로 진군한 것이다. 2014년, 미군은 이라크의 요청에 동맹군으로 재참전해 IS를 물리쳤다. 그런 후 소수 병력을 파견 중인 미국은 현재 이라크 정부와 2025년 완전 철수를 협의 중이다.

이라크를 혼란에 빠뜨린 ISIS는 알 카에다의 하위 단체로 2013년의 시리아 내전 참여로 세력을 키웠다. 그들은 매우 과격하고 잔인한 성향 때문에 시리아 내 다른 온건파 반군들과도 대립이 많았고, 심지어 알 카에다조차 이들을 적대시하고 있을 정도이다.

아프가니스탄에서는 미군에 의해 붕괴한 탈레반이 세력을 다시 모으고 약진했다. 그러자 미국은 2009년에 군대의 추가 파견을 결정했지만, 아프가니스탄의 치안은 계속해서 악화하기만 했다. 그런 와중에 미국은 2011년 5월, 오랫동안 추적해 오던 빈 라덴을 파키스탄에서 사살하는 데 성공했다.

알 카에다의 지도자이자 테러리스트였던 빈 라덴의 죽음으로 테러 활동이 한풀 꺾일 것으로 보였지만, 그들에게 항복 따위는 없었다. 오히려 빈 라덴의 죽음 후 10년 동안 테러가 급증한 것으로 조사되었다. 수장의 죽음이 서방을 더 적대시하고 보수적인 종교 운동이 더 힘을 받게 된 것이다. 이슬람 테러 조직들은 이슬람 종교의 힘으로 군대를 모집해서 조직하고 자금을 모으고 캠페인을 합법적으로 하고 있는 셈이다.

미국은 2021년에 아프가니스탄에서 완전히 손을 떼고 철수한 후, 다시 탈레반 세력이 재집권에 성공해 미국 침공 이전의 상태로 돌아갔다. 기독교와 이슬람교의 종교 분쟁으로 일어나는 테러와 전쟁은 세계 곳곳에서 끊임없이 이어지고 있다. 보복의 악순환이 되풀이되면서 기독교와 이슬람교의 대립은 쉽게 끝나지는 않을 것으로 보인다.

인류 역사와 함께한 기독교의
종교 분쟁은 끊이질 않는다

'유럽의 화약고' 발칸반도에서
민족과 종교 문제가 얽힌 분쟁 빈발

 최근 종교와 관련된 전쟁과 분쟁은 과거와 달리 더욱 복잡한 양
상으로 전개되고 있다. 세계의 역사만 살펴보더라도 전쟁이나 분쟁
은 반드시 여러 종교와 연결되어 있는 경우가 많다. 비근한 예로 인
류의 역사와 함께하는 기독교도 수많은 전쟁과 분쟁으로 얼룩져 있
기는 마찬가지이다. 11세기에는 기독교 문화권의 중심지인 유럽이
이슬람 세력으로부터 성지 예루살렘을 탈환하기 위해 십자군 전쟁
을 일으킨 일도 있지 않은가?
 '유럽의 화약고'로 불리는 발칸반도에서 민족과 종교 문제가 복

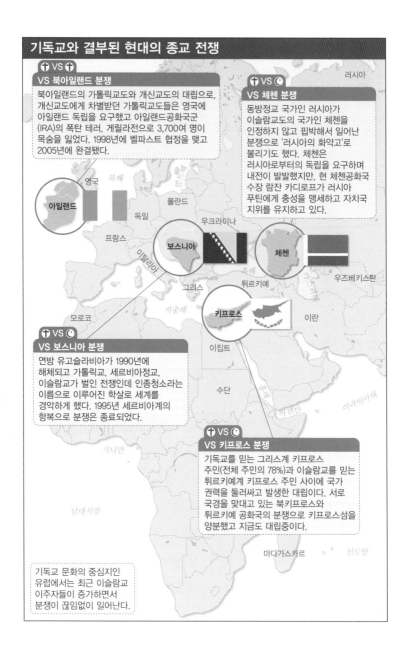

기독교와 결부된 현대의 종교 전쟁

✟ VS ✟
VS 북아일랜드 분쟁
북아일랜드의 가톨릭교도와 개신교도의 대립으로, 개신교도에게 차별받던 가톨릭교도들은 영국에 아일랜드 독립을 요구했고 아일랜드공화국군(IRA)의 폭탄 테러, 게릴라전으로 3,700여 명이 목숨을 잃었다. 1998년에 벨파스트 협정을 맺고 2005년에 완결됐다.

✟ VS ☪
VS 체첸 분쟁
동방정교 국가인 러시아가 이슬람교도의 국가인 체첸을 인정하지 않고 핍박해서 일어난 분쟁으로 '러시아의 화약고'로 불리기도 했다. 체첸은 러시아로부터의 독립을 요구하며 내전이 발발했지만, 현 체첸공화국 수장 람잔 카디로프가 러시아 푸틴에게 충성을 맹세하고 자치국 지위를 유지하고 있다.

✟ VS ☪
VS 보스니아 분쟁
연방 유고슬라비아가 1990년에 해체되고 가톨릭교, 세르비아정교, 이슬람교가 벌인 전쟁인데 인종청소라는 이름으로 이루어진 학살로 세계를 경악하게 했다. 1995년 세르비아계의 항복으로 분쟁은 종료되었다.

✟ VS ☪
VS 키프로스 분쟁
기독교를 믿는 그리스계 키프로스 주민(전체 주민의 78%)과 이슬람교를 믿는 튀르키예계 키프로스 주민 사이에 국가 권력을 둘러싸고 발생한 대립이다. 서로 국경을 맞대고 있는 북키프로스와 튀르키예 공화국의 분쟁으로 키프로스섬을 양분했고 지금도 대립중이다.

기독교 문화의 중심지인 유럽에서는 최근 이슬람교 이주자들이 증가하면서 분쟁이 끊임없이 일어난다.

잡하게 얽힌 분쟁이 발생한 일도 있다. 이 분쟁은 연방국 유고슬라비아가 1990년에 해체되자 구성 국가 가운데 하나인 보스니아-헤르체고비나에서 국가의 독립을 놓고 주변국들이 개입해서 일으킨 참혹한 내전이다. 이 내전에서 가톨릭교, 세르비아정교, 이슬람교가 모두 뒤얽혀 싸우는 와중에 대량 학살까지 자행되어 무려 20만 명이나 되는 사망자가 발생하는 비극이 생겼다.

동방정교(러시아 정교) 국가인 러시아 역시 이슬람교도가 대다수인 체첸과 두 번이나 전쟁을 치렀다. 특히 러시아는 체첸의 독립이 이슬람교도들을 자극해 다른 소수 민족 자치국에서도 분리 운동에 나서는 것을 경계한 것으로 알려져 있다.

체첸 전쟁은 2009년에 러시아가 체첸에서 철수하고 잠잠하다가 2013년에 체첸 대통령이 사살당하고 2017년에서야 종결되었다. 2021년부터 체첸공화국 수반에 오른 람잔 카디로프는 러시아 푸틴 대통령의 심복으로 알려져 있고, 악명이 높기로 유명한 체첸군을 러시아-우크라이나전쟁에 참전시켜 국제 사회의 비난을 받았다.

북아일랜드에서 일어난 종교 분쟁은
가톨릭교와 개신교의 대립으로 발생

기독교를 믿는 그리스인과 이슬람교를 믿는 튀르키예인 사이의 대립인 키프로스(사이프러스) 분쟁도 여전히 현재 진행형이다. 원래 그리스와 튀르키예의 군사 개입으로 시작된 이 분쟁은 결국 튀르키예계 주민들이 '북키프로스 튀르키예 공화국' 수립을 선언하는 지경에 이르렀다.

한편 기독교 내의 교파 간 분쟁도 계속되고 있다. 16세기에는 프랑스 국내에서 발생한 가톨릭교와 개신교의 대립에 귀족의 정치 투쟁이 개입되면서 위그노 전쟁(16세기에 일어난 프랑스 최초의 종교전쟁으로, 구교와 신교 간의 갈등으로 일어남)이 일어났다. 17세기에는 독일에서 개신교 세력과 가톨릭교 세력이 대립한 탓에 30년전쟁(1618년부터 30년 동안 신교(프로테스탄트)와 구교(가톨릭) 사이에 벌어진 독일 최대이자 최후의 종교전쟁)이 일어났다.

최근의 종교 분쟁으로는 북아일랜드에서 일어난 가톨릭교와 개신교의 대립을 들 수 있다. 끊임없는 이 분쟁의 출발은 12세기에 영국의 헨리 2세가 아일랜드를 정복한 후, 영국인 개신교도들이 아일랜드로 이주해 현지의 가톨릭교도들을 탄압한 것에서 시작되었다.

이후 1937년에 아일랜드는 독립을 쟁취했으나, 개신교도가 많은 북아일랜드는 여전히 영국령으로 남아 있었다. 그래서 가톨릭교 주민들이 북아일랜드공화군(IRA)을 조직해 아일랜드 전역의 독립을 요구하는 무력 투쟁을 시작한 것이다. 1960년대 후반에 시작되어 1998년 북아일랜드 수도 벨파스트 협정으로 분쟁을 마무리한 이 전쟁은 2005년까지 이어져 수많은 희생자를 낳았다.

무슬림의 자살 폭탄 테러가
이슬람교의 '지하드'인가?

자기 자신과 싸우는 '대 지하드'와
외부의 적과 싸우는 '소 지하드'

'이슬람교는 과격한 종교, 이슬람교도는 호전적인 사람들'이라고 생각하는 경우가 많다. 이 같은 생각은 테러를 자행하는 일부 과격파 이슬람 단체로 인해 생겨난 편견에 지나지 않는다. 본래 이슬람교는 평화를 존중해, 인간의 존엄을 짓밟히지 않는 한 싸움을 하지 말라고 가르친다. 또 성전(聖戰)으로 해석하는 '지하드' 역시 전쟁이나 테러와는 직접 연관이 없는 말이다.

원래 지하드는 노력(분투)을 의미하는 아라비아어로, 다음과 같은 두 가지 의미로 쓰인다. 첫째는 대(大) 지하드로, 자기 내면의 '악'과의 싸움 또는 정신적인 수양을 가리킨다. 즉 자기 자신을 고양하는 분투로 해석할 수 있다.

둘째는 소(小) 지하드로, 공동체를 침략한 적과의 싸움을 가리킨다. 현대에는 일반적으로 이슬람교도가 무기를 들고 이교도와 싸우는 것을 의미하며, 이것이 일부 과격파가 테러를 정당화하는 구실이 되고 있다. 그러나 이슬람교의 교조 무함마드는 전투적인 소 지하드가 아닌 대 지하드를 장려했다고 한다.

소 지하드에 대해서도, 최대한 참다가 어쩔 도리가 없을 때만 싸움을 선택하라고 한다. 방어를 위한 공격만 인정되며, 상대가 싸움을 멈추면 자신도 함께 멈추어야 한다. 선제공격과 후방 공격, 그리고 명예를 더럽히는 공격은 징계의 대상으로 삼는다.

또 일반 시민과 여성, 어린이 등 약한 자에 대한 공격, 다른 종교의 성직자를 죽이는 행위도 금지되어 있다. 요컨대 이슬람교는 정당방위를 위한 전투만 인정하며, 무력 충돌을 피하고 억제하려고 노력하는 종교이다.

'알라를 위해 죽는(순교) 것이 이슬람교도로서 구원받는 길'

그러나 여기서 한 가지 의문이 떠오른다. 이슬람 과격파 중에는 자살 폭탄으로 상대를 공격하는 사람이 적지 않다. 자살 폭탄 테러로 인해 무고한 시민들이 대규모로 희생을 당하는 사건이 끊이질

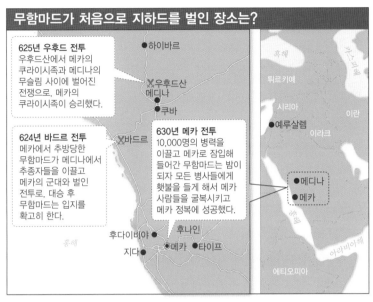

무함마드가 처음으로 지하드를 벌인 장소는?

625년 우후드 전투
우후드산에서 메카의 쿠라이시족과 메디나의 무슬림 사이에 벌어진 전쟁으로, 메카의 쿠라이시족이 승리했다.

624년 바드르 전투
메카에서 추방당한 무함마드가 메디나에서 추종자들을 이끌고 메카의 군대와 벌인 전투로, 대승 후 무함마드는 입지를 확고히 한다.

630년 메카 전투
10,000명의 병력을 이끌고 메카로 잠입해 들어간 무함마드는 밤이 되자 모든 병사들에게 횃불을 들게 해서 메카 사람들을 굴복시키고 메카 정복에 성공했다.

하이바르
X우후드산
메디나
쿠바
X바드르
후다이비야
지다
후나인
메카 타이프

흑해
튀르키예
시리아
이란
예루살렘
이라크
메디나
메카
홍해
아라비아해
에티오피아
카스피해

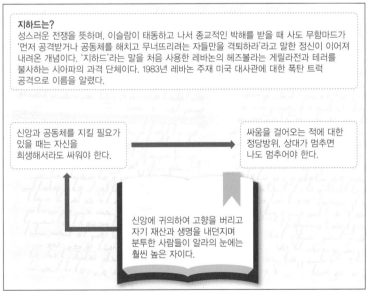

지하드는?
성스러운 전쟁을 뜻하며, 이슬람이 태동하고 나서 종교적인 박해를 받을 때 사도 무함마드가 '먼저 공격받거나 공동체를 해치고 무너뜨리려는 자들만을 격퇴하라'라고 말한 정신이 이어져 내려온 개념이다. '지하드'라는 말을 처음 사용한 레바논의 헤즈볼라는 게릴라전과 테러를 불사하는 시아파의 과격 단체이다. 1983년 레바논 주재 미국 대사관에 대한 폭탄 트럭 공격으로 이름을 알렸다.

신앙과 공동체를 지킬 필요가 있을 때는 자신을 희생해서라도 싸워야 한다.

싸움을 걸어오는 적에 대한 정당방위, 상대가 멈추면 나도 멈추어야 한다.

신앙에 귀의하여 고향을 버리고 자기 재산과 생명을 내던지며 분투한 사람들이 알라의 눈에는 훨씬 높은 자이다.

않고 있다. 이런 무차별 테러는 이슬람의 지하드 사상에 어긋나지 않을까?

사실 이슬람교계에서도 자살 폭탄 테러는 이슬람법에 어긋난다는 해석을 분명히 밝혔다. 그런데도 자살 폭탄 테러가 자꾸 일어나는 것은 이슬람 과격파가 조직원에게 잘못된 해석을 주입하기 때문이다. 그들은 '알라를 위해 죽는(순교) 것이 이슬람교도로서 구원받는 길이며, 적으로부터 이슬람 공동체를 지키는 지하드'라고 가르친다. 또 알라를 위해 죽으면 현세보다 훨씬 좋은 세상(천당)에 갈 수 있다고 조직원을 세뇌한다.

즉 이슬람교 입장에서 자살 폭탄 테러는 지하드가 아니라고 공표했는데도 일부 과격파가 제멋대로 지하드라는 이름을 내세워 무차별 테러를 강행하고 있다. 지금도 세계 곳곳에서 일부 이슬람 과격파에 의한 테러가 발생하지만, 이슬람교는 결코 호전적이거나 테러를 부추기는 종교가 아니다.

미국의 이스라엘 지원에 분노,
이슬람 세계가 반미 투쟁

"모든 미국인과 그 동맹자를 죽여라.
그것이 이슬람교도의 의무이다"

미국을 비롯한 서구 세계와 이슬람 세계 사이에서는 문명의 대립으로 불리는 마찰이 격화되고 있다. 그런데 양대 문명은 대체 왜 대립하게 되었을까?

이슬람 과격파 조직 알 카에다의 지도자였던 오사마 빈 라덴이 밝힌 이유를 보자. 그는 1998년 2월에 실시한 종교적 선언, 즉 파트와(Fatwa, 이슬람법을 중심으로 해석하는 이슬람식 판결) 중에서 "미국은 이슬람교의 최고 성지이자 이슬람의 영토인 아라비아반도에 오랜 세월 군대를 주둔시켜 부를 약탈하고 주민을 욕보이고 있다", "미국은 이스라엘을 계속 지원하고 있다"라는 말로 미국에 대한 아랍인의 분노를 표현했다.

즉 기독교도가 이슬람교의 성지 메카가 있는 사우디아라비아에 군대를 보내고, 이슬람교도와 대립하는 유대인 국가 이스라엘을 지원하는 행위를 도저히 용인할 수 없다는 것이다. 실제로 미국은 중동에서 이슬람교도의 반감을 살 만한 정책을 펼쳐왔다. 예를 들어 미국에 이익을 주는 정권은 친미 국가로 옹호하고, 미국 정책에 반대하는 정권은 반미로 간주해 때로는 뒤에서 쿠데타를 조종하기까지 했다.

그 결과 빈 라덴뿐 아니라 당시 이라크의 후세인 대통령, 이란의 호메이니, 리비아의 카다피 대령 등 중동 지역의 유력한 지도자들이 강력한 반미 투쟁의 대오를 형성하게 되었다. 또 이슬람 국가들이 서양에 비해 경제적으로 가난한 것이 미국에 의한 부와 자원 착취의 결과로 여겨졌던 것도 대립을 부추겼다.

빈 라덴은 앞에서 말한 파트와에서 "군인, 민간인 가릴 것 없이 모든 미국인과 그 동맹자를 죽여라. 그것이 이슬람교도의 의무이다"라며 미국에 대한 증오심을 부추겼다. 이 선언으로 말미암아 반미 사상을 앞세운 세계 각지의 이슬람 과격파가 연대해 반미 테러를 자행했고, 나중에는 전 세계에 엄청난 충격을 안긴 2001년 9.11 테러도 벌어졌다.

한편 2023년에 갑자기 2011년에 사망한 오사마 빈 라덴이 유령처럼 등장해 테러를 부추긴 일도 있다. 9·11 사태 후 2002년에 이미 공개되었던 빈 라덴의 '미국에 보내는 편지((Letter to America)'가 새삼 미국의 MZ 사이에 퍼졌기 때문이다. 빈 라덴이 쓴 이 편지는 주로 미국과 이스라엘을 비난하고 팔레스타인 영토를 억압하는 미국인과 유대인들을 공격하고 복수해야 한다면서 9·11 테러의 정당성을 주장한 것이다.

강대국들의 이해관계가 충돌하는 중동의 지정학적 현실은 유대교와 이슬람교의 영원한 반목을 부추기는 배경으로 작용할 뿐이다.

《코란》과 무함마드를 모독하는 것은 무슬림이 용인할 수 없는 행동이다!

이슬람교도에게 고대 아랍어로 된 《코란》은 신의 말씀 그 자체이다. 알라신의 뜻이 훼손된다며 다른 언어로 번역하는 것도 거부할 정도로 신성시한다. 따라서 《코란》을 모독하는 행위는 신성 모독으로 간주해, 이에 격분한 이슬람교도들과 충돌이 일어난다고 해도 하등 이상할 게 없다. 이렇게 신과 경전에 대한 모독은 이슬람교도들에게는 도저히 용인할 수 없는 행동이다.

그런데 2011년 3월, 미국 플로리다주 중북부의 게인즈빌(Gainesville)에 있는 도브월드아웃리치센터(Dove World Outreach Center)라는 작은 교회의 목사 테리 존스(Terry Jones)가 《코란》을 "신성하지 않다"라고 비웃으면서 자신이 판사가 된 재판에서 멋대로

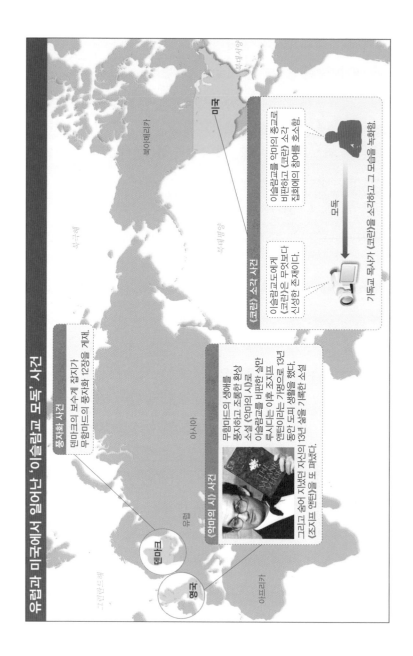

유럽과 미국에서 일어난 '이슬람교 모독' 사건

《코란》 소각 사건

이슬람교도에게 《코란》은 무엇보다 신성한 존재이다.

이슬람교를 악마의 종교로 비판하고 《코란》 소각 집회에의 참여를 호소함.

모독

기독교 목사가 《코란》을 소각하고 그 모습을 녹화함.

미국

풍자화 사건

덴마크의 보수계 잡지가 무함마드의 풍자화 12장을 게재.

덴마크

《악마의 시》 사건

무함마드의 생애를 풍자하고 조롱한 환상소설 《악마의 시》로 이슬람교를 비판한 살만 루시디는 이후 조지프 앤턴이라는 가명으로 13년 동안 도피 생활을 했다.

그리고 숨어 지냈던 자신의 13년 삶을 기록한 소설 《조지프 앤턴》을 또 펴냈다.

영국

북극해

북대서양

북아메리카

그린란드해

유럽

아시아

아프리카

유죄 판결을 내린 일이 있다. 그리고《코란》을 소각하는 모습을 인터넷에 올렸다. 존스 목사의 이슬람 모독 행위는 이것이 처음이 아니었다.

2010년, 9.11 테러로부터 정확히 9년 후인 9월 11일에는 200권이나 되는《코란》을 불태우는 집회를 계획한 것이다. 이 계획은 미국 정부의 요청으로 중지되었으나, 그로부터 약 반년 후에 결국 존스 목사는《코란》을 불태우고 말았다.

당연히 이슬람교도들은 맹렬하게 반발했다. 아프가니스탄에서는 1,000명이 넘는 군중이 대폭동을 일으켜 UN 시설을 습격한 끝에 직원 몇 명이 희생되기까지 했다. 또한 이 사태는 결국 미군의 아프가니스탄 철수 계획에까지 영향을 미쳤다.

이슬람교의 교조인 무함마드를 모독한 탓에 발생한 사건도 많다. 그중 가장 유명한 것은 1988년의《악마의 시》사건이다.《악마의 시》는 영국인 작가 살만 루시디의 소설로 무함마드의 생애를 다루고 있다. 그런데 이슬람교를 비판하는 내용이라서 이슬람교도들의 큰 반발을 샀고, 당시 이란의 최고 지도자였던 호메이니는 루시디에게 사형 선고까지 내렸다. 다행히 루시디는 죽음을 면했지만, 그 책을 일본어로 번역한 일본 대학교수가 누군가에게 살해되고 말았다.

2005년에는 덴마크의 일간지 〈율란트 포스텐(Jyllands-Posten)〉이 무함마드의 풍자화를 게재하여 이슬람교도들의 격분을 샀다. 이슬람 세계에서는 덴마크 제품 불매 운동이 일어났고, 일부 이슬람교도는 대사관을 습격하는 등 폭동을 일으켰다.

이들 사건에서 알 수 있듯이 이슬람교도들에게 《코란》과 무함마드는 신성한 존재이기 때문에, 그 존재를 부정하고 욕되게 하는 행위는 신성 모독 행위나 다름이 없는 것이다. 종교 문제는 이해관계가 명백한 영토 문제 등과 달라서 한번 갈등이 생기면 해결하기가 쉽지 않다. 종교는 민족과 사상, 심지어는 생명의 근원에 관계된 문제인 만큼 더욱 민감하게 다룰 필요가 있다.

이슬람교 수니파와 시아파의
세력 분포도가 궁금하다

수니파는 이슬람 인구의 90% 차지,
시아파 이란이 반미 투쟁의 선봉장

　일반적으로 이슬람교와 다른 종교의 대립에만 주목하기 쉽지만, 이슬람교 내부의 대립에도 관심을 기울일 필요가 있다. 외부 종교에 대해 이슬람교의 결속은 매우 견고한 것으로 외부에 알려져 있다. 그러나 수니파와 시아파 사이의 대립은 앞으로 점점 심각해질 가능성이 높기 때문이다. 신자의 수는 수니파가 시아파보다 압도적으로 많다. 수니파는 이슬람 인구 전체의 대략 90%를 차지하기 때문에 신도 수로는 시아파가 당할 도리가 없다. 그러나 최근 중동 정세의 변화와 함께 이슬람 양대 종파의 판도가 바뀌고 있다.

변화의 조짐이 처음 나타난 것은 1979년의 이란 혁명 무렵이었다. 이란은 원래 인구의 89%가 시아파인 나라인데, 당시 호메이니가 이끄는 시아파가 혁명으로 왕정을 타도하고 정교일치 공화국을 수립한 것이다. 이에 따라 중동 지역의 수니파 정권은 내부적으로 불안감에 휩싸였다. 특히 이란과 이웃한 나라인 이라크는 큰 충격을 받았다. 수니파 정권이 지배하던 이라크 역시 시아파가 인구의 63%를 차지하므로, 그들이 이란 혁명의 여세를 몰아 정권을 위협할 가능성이 커졌기 때문이다.

시아파를 경계한 이라크의 수니파 정권(당시 후세인 대통령)은 결국 이란을 공격했고, 양국은 1980년부터 1988년까지 격렬한 전투를 벌였다. 그리고 2003년에는 9.11 테러 사건을 일으킨 알 카에다를 지원한다는 명분으로 미국이 이라크를 선제공격한 이라크 전쟁이 발발해 후세인이 실각했다. 2006년에 후세인이 처형된 후에는 수니파, 시아파, 쿠르드족 등 3대 정파가 대립하면서 폭력 시위가 벌어지는 등 국내 정치의 혼란이 계속되고 있다.

다수 수니파에 의해 억압받던
소수 시아파는 무력으로 세력 확장

2006년에는 레바논의 시아파 민병 조직인 헤즈볼라가 이스라엘군에 대항해 상당한 성과를 거두었고, 2011년에 시작한 시리아 내전에서도 이란의 지원을 받은 시아파 민병대가 아사드 정부군을 지

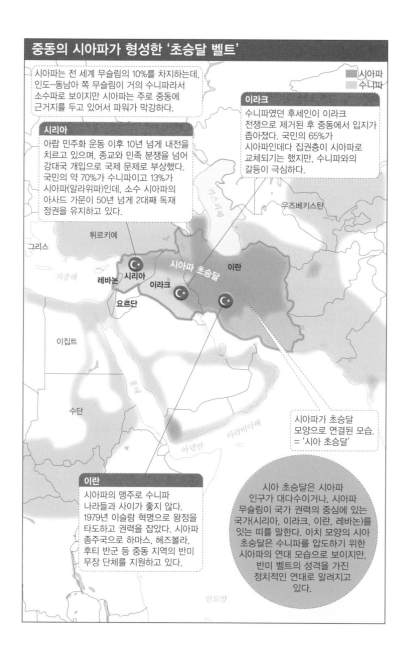

중동의 시아파가 형성한 '초승달 벨트'

시아파는 전 세계 무슬림의 10%를 차지하는데, 인도-동남아 쪽 무슬림이 거의 수니파라서 소수파로 보이지만 시아파는 주로 중동에 근거지를 두고 있어서 파워가 막강하다.

■ 시아파
■ 수니파

이라크
수니파였던 후세인이 이라크 전쟁으로 제거된 후 중동에서 입지가 좁아졌다. 국민의 65%가 시아파인데다 집권층이 시아파로 교체되기는 했지만, 수니파와의 갈등이 극심하다.

시리아
아랍 민주화 운동 이후 10년 넘게 내전을 치르고 있으며, 종교와 민족 분쟁을 넘어 강대국 개입으로 국제 문제로 부상했다. 국민의 약 70%가 수니파이고 13%가 시아파(알라위파)인데, 소수 시아파의 아사드 가문이 50년 넘게 2대째 독재 정권을 유지하고 있다.

우즈베키스탄

카스피해

튀르키예

그리스

지중해

레바논 시리아

시아파 초승달

이란

요르단 이라크

이집트

나일강

수단

아라비아해

아덴만

시아파가 초승달 모양으로 연결된 모습.
= '시아 초승달'

이란
시아파의 맹주로 수니파 나라들과 사이가 좋지 않다. 1979년 이슬람 혁명으로 왕정을 타도하고 권력을 잡았다. 시아파 종주국으로 하마스, 헤즈볼라, 후티 반군 등 중동 지역의 반미 무장 단체를 지원하고 있다.

시아 초승달은 시아파 인구가 대다수이거나, 시아파 무슬림이 국가 권력의 중심에 있는 국가(시리아, 이라크, 이란, 레바논)를 잇는 띠를 말한다. 아치 모양의 시아 초승달은 수니파를 압도하기 위한 시아파의 연대 모습으로 보이지만, 반미 벨트의 성격을 가진 정치적인 연대로 알려지고 있다.

인도양

원한 대가로 상당한 영향력을 행사하고 있다. 바레인과 사우디아라비아에서도 시아파가 제 목소리를 내기 시작했다. 오랫동안 중동 지역에서 다수의 수니파에 의해 억압받던 시아파의 존재감이 점점 커지고 있는 것이다.

중동 지역에서 분쟁이 계속되는 동안 시아파가 대두된 덕분에, 지도에는 지중해에서 인도양에 걸친 시아파 아치, 즉 '시아 초승달 (Shi'a Crescent)'이라는 단어까지 새로 생겼다.

아치형으로 연결되는 초승달 모양이라서 '시아 초승달' 세계로도 부르는데, 통상 수니파에 대립하기 위한 시아파의 연대로 인식되고 있다. 그러나 이 초승달은 미국과 대립하는 국가들의 반미 벨트이자 정치적인 연대라는 게 일반적인 해석이다.

애초에 시아 초승달이라는 개념은 사우디아라비아, 쿠웨이트, 바레인, 아랍에미리트, 카타르 등 대표적인 친미 성향의 걸프만 산유국들에 둘러싸인 이란이 자신들의 정치적인 입지를 확대하기 위해 주변의 정치 세력을 지원하면서 만들어졌기 때문이다.

만일 시아 초승달의 정치적 연대가 더 강력해져서 군사 동맹으로 발전한다면 수니파와의 역학 관계에도 큰 영향을 미칠 것으로 전망되고 있다.

프랑스를 비롯한 유럽은
왜 '부르카' 착용을 막는가?

프랑스가 부르카 착용을 금지한 것은
테러를 방지하려는 의도에서였다

초승달과 샛별이 하늘에 떠 있었을 때 무함마드가 알라신으로부터 최초의 계시를 받았기 때문에 이슬람 국가들은 한결같이 초승달에 특별한 의미를 부여하고 있다. 초승달을 알라의 진리가 인간에게 전해지기 시작했다는 상징이라고 여기기 때문이다.

그래서 이슬람 국가에는 국기에 초승달을 넣은 나라가 많다. 튀르키예, 파키스탄, 튀니지, 투르크메니스탄, 북키프로스, 아제르바이잔, 몰디브 등이 그렇다.

부르카를 착용한 아프가니스탄 여성, 2005년, © Steve Evans, W−C

초승달과 함께 이슬람교를 상징하는 것으로 여성이 얼굴과 전신을 덮어쓰는 베일인 '부르카(Burka)'를 떠올리는 사람이 많을 것이다.

이슬람권의 여성이 부르카를 입는 것은 《코란》에 '여성은 배우자외의 남자에게 맨얼굴을 보여서는 안 되니 베일로 얼굴을 가리라'라고 기록되어 있기 때문이다. 부르카는 남녀 차별의 상징이라며 비판받을 때도 많지만, 최근에는 이슬람 고유의 사상이 재평가되는 경향이 있어서 부르카를 자진해 착용하는 여성도 늘어나는 추세이다.

그런데 이 부르카를 둘러싸고 프랑스에서 큰 파문이 일어난 적이 있다. 프랑스 정부가 '공공장소에서는 부르카 착용을 금지한다'라는 내용의 법률을 공포한 것이다(2011년부터 시행). 자유, 평등, 박애의 정신을 국가의 기본 이념으로 내세운 프랑스가 갑자기 이런 규제를 국민에게 공포한 이유는 무엇일까?

프랑스 정부가 이 법률을 통과시킨 것은 정교분리의 원칙을 관철하기 위해서이다. 사실 프랑스는 비종교 국가로서의 원칙을 철저히 고수하고 있으며, 그런 경향은 시민 생활에서도 분명히 드러난다. 예를 들어 기독교 색채를 드러내는 커다란 십자가 목걸이를 착용한 사람은 공공시설과 학교에 들어갈 수가 없다. 물론 프랑스가 이슬람교에만 엄격한 잣대를 들이대지는 않는다는 하나의 예로 볼 수 있다.

프랑스가 부르카 착용을 금지한 것은 테러를 방지하려는 의도에서였다고 한다. 부르카를 착용하면 얼굴이 보이지 않아서 신원을 파악하기가 어렵고, 몸 전체를 헐렁한 상태로 뒤덮기 때문에 옷 속에 폭탄 등을 숨기고 있어도 쉽게 발각되지 않는다는 게 이유였다. 유럽 전역에서 폭탄 테러가 빈발하는 상황인지라 부르카가 테러에 악용될 소지가 충분하다고 판단한 것이다.

부르카 금지의 법제화는 프랑스에만 그치지 않고 유럽 여러 나라로 점점 확대되기 시작했다. 2011년 9월에는 벨기에가 부르카 전면 금지를 확정했고, 네덜란드에서도 해당 법안이 내각을 통과했다.

이를 위반하고 부르카를 착용하는 사람에게는 벌금 또는 금고형이 부과된다.

부르카 착용 금지가 단순하게 정교분리와 테러 대책 때문에 금지된 것이라면 괜찮지만, 이것이 점점 늘어나는 이슬람 이민자를 경계하는 프랑스 국민의 심리에 영합하려는 조치는 아닐지 의심하는 사람도 있다. 또 이 사건을 통해 이슬람교도와의 마찰이 격화될 것을 우려하는 사람도 많다.

이슬람 여성의 신체 노출 정도는
나라와 민족에 따라 차이가 있다

한편 이슬람 여성들은 부르카 외에도 니캅(Niqab), 차도르(Chador), 히잡(Hijab)을 쓰고 몸을 가린다. 다만 여성의 신체 가운데 어디를 얼마나 어떻게 가릴지는 나라와 민족에 따라 차이가 있다. 다만 일반적으로 이슬람교의 교리와 원리에 철저할수록 신체의 노출이 적다는 게 공통점이다.

부르카는 베일 중에서 가장 보수적인 착용법이다. 부르카는 머리에서부터 발끝까지 가리고 눈 부분은 망사로 처리해 시야를 확보한다. 심지어 손에 장갑을 끼기도 한다. 또한 부르카는 아프가니스탄에서 가장 흔한 베일이고, 이집트에서는 베두인족 일부가 착용한다. 널리 알려진 색상은 푸른색이 압도적이며 검은색도 있다.

히잡은 두건 모양으로 '가리다' 혹은 '격리하다'라는 뜻의 아랍어에서 파생됐다. 얼굴만 빼고 가슴까지 상체를 가린다. 입고 벗기가 쉽고 색상도 다양하며, 튀니지를 비롯한 북아프리카와 시리아에서 많이 착용한다. 눈 아래 얼굴만 가리는 니캅은 주로 히잡과 함께 쓴다. 파키스탄과 모로코 여성들이 많이 쓴다고 알려져 있다. 이란어로 덮는다는 뜻을 가진 차도르는 이란에서 많이 쓰는 망토형 베일인데, 주로 겉옷 형태로 걸치지만, 속에는 양장을 입는다.

그리고 베일 착용을 매우 엄격하게 지키는 나라도 있고 좀 자유로운 나라도 있다. 예를 들면 사우디아라비아에선 여성의 베일 착용이 의무이다. 이곳은 여름에 히잡을 쓰지 않은 여성이 뉴스를 진행했다고 해서 '종교 범죄'라고 지적하는 나라이다.

이란에서도 모든 여성은 13세가 넘으면 외출할 때 반드시 베일을 써야 한다. 심지어 무슬림이 아닌 외국인도 여성이라면 모두 차도르를 써야 한다. 그만큼 이란은 베일 착용을 매우 엄격하게 강제하는 나라이다. 이란에서는 지금도 히잡 착용을 반대하는 시위를 벌이다가 체포되는 여성들이 많다.

하지만 이슬람 국가들의 이런 강제 규제에도 불구하고 요즘 중동권의 젊은 여성들은 패션 감각을 가미해 검은색이 아닌 화려한 색상의 얇은 베일을 쓰거나 몸매가 드러나는 아바야로 멋을 내고 있다. 교육 수준이 높은 여성들을 중심으로 여권이 신장하면서 점점 베일 착용이라는 종교적 관습에서 벗어나려는 움직임이 증가하는 추세이다.

불교국 티베트의 독립 투쟁과 스리랑카의 종교 분쟁

달라이 라마가 망명정부를 이끌고
중국을 상대로 티베트의 독립 투쟁

불교는 일반적으로 '온건하고 평화로운 종교'로 알려져 있다. 분명 이슬람교나 기독교에 비해 불교와 관련된 전쟁이나 분쟁 뉴스는 그다지 많지 않다. 그러나 민족의 대립으로까지 시야를 넓히면 불교 때문에 마찰이나 분쟁이 발생한 사례는 쉽게 찾아볼 수 있다.

국가의 독립이 주요 이슈이기는 하지만 불교 분쟁의 대표적인 예가 바로 중국 정부와 티베트 사이의 문제이다. 한때 중앙아시아의 맹주였던 티베트는 오랫동안 티베트불교(라마교라고도 한다)를 바탕으로 독자적인 문화를 지켜왔지만, 1959년에 중국의 침략을 받고 식민지로 전락하면서 국권을 상실했다.

그 후 중국 정부는 수많은 한(漢)족을 티베트로 보내는 이주 정책을 실시해 정착시키는 한편, 티베트인들이 누리던 신앙의 자유를 빼앗고 탄압하며 식민지 지배를 강화했다. 하지만 2008년에 티베트 승려 600명은 티베트 독립을 외치며 중국 정부에 항의 시위를 했고, 그 후로도 티베트는 종교의 자유와 국가 독립을 외치며 투쟁을 멈추지 않고 있다. 현재 티베트의 최고 지도자 달라이 라마 14세가 인도에서 망명정부를 이끌며 티베트 독립운동을 펼치고 있지만, 좀처럼 해결의 실마리는 보이지 않는다.

스리랑카 정부의 불교 보호 정책에
북부의 힌두교도 타밀족이 반발

스리랑카 내전도 스리랑카 정부가 실시한 종교 정책이 원인이 되어 생긴 일이다. 영국 식민지 시절에도 스리랑카에서는 인구의 다수를 차지하는 싱할라족(불교도)이 힌두교 소수파인 타밀족을 지배해 왔다.

영국으로부터 독립한 이후 1972년에 타밀어 국호인 실론에서 싱할라어 국호인 스리랑카로 바꾸면서 두 민족 간 대립이 본격화되기 시작했다. 게다가 정부가 불교 보호를 공표하면서 힌두교 억압 정책을 펼치자, 북부를 지배하던 타밀족이 반발한 것이다.

1983년부터 타밀족 반군 타밀일람해방호랑이(LTTE)가 분리 독

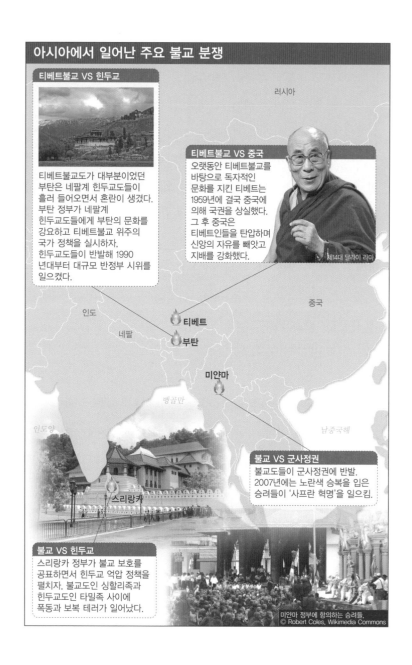

아시아에서 일어난 주요 불교 분쟁

티베트불교 VS 힌두교

티베트불교도가 대부분이었던 부탄은 네팔계 힌두교도들이 흘러 들어오면서 혼란이 생겼다. 부탄 정부가 네팔계 힌두교도들에게 부탄의 문화를 강요하고 티베트불교 위주의 국가 정책을 실시하자, 힌두교도들이 반발해 1990년대부터 대규모 반정부 시위를 일으켰다.

러시아

티베트불교 VS 중국

오랫동안 티베트불교를 바탕으로 독자적인 문화를 지킨 티베트는 1959년에 결국 중국에 의해 국권을 상실했다. 그 후 중국은 티베트인들을 탄압하며 신앙의 자유를 빼앗고 지배를 강화했다.

제14대 달라이 라마

인도

네팔

중국

티베트

부탄

미얀마

벵골만

인도양

남중국해

불교 VS 군사정권

불교도들이 군사정권에 반발. 2007년에는 노란색 승복을 입은 승려들이 '사프란 혁명'을 일으킴.

스리랑카

불교 VS 힌두교

스리랑카 정부가 불교 보호를 공표하면서 힌두교 억압 정책을 펼치자, 불교도인 싱할리족과 힌두교도인 타밀족 사이에 폭동과 보복 테러가 일어났다.

미얀마 정부에 항의하는 승려들.
© Robert Coles, Wikimedia Commons

립을 외치며 폭동을 일으키자, 싱할라족도 반격하며 내전으로까지 발전했다. 내전을 4차례나 반복할 정도로 격렬한 종교·민족 분쟁이었지만, 2009년에 스리랑카 정부군이 반군 타밀일람해방호랑이 지배 지역을 장악해 26년에 걸친 내전은 종결되었다.

스리랑카가 있는 실론 섬에는 오래전부터 싱할라족과 타밀족이 거주하고 있었으나, 1815년부터 영국이 실론섬을 지배했다. 영국이 지배한 실론은 싱할라족이 권력을 장악해 타밀족들을 차별하기 시작했다. 더 나아가 독립 이후 1972년에는 타밀어 국호인 실론에서 싱할라어 국호인 스리랑카로 바꾸었다. 싱할라족에게 차별받은 타밀족은 점점 분노하기 시작했고, 급기야 급진화된 타밀족 인사들이 타밀일람해방호랑이를 구성하기에 이르렀다.

세계인의 주목을 받을 만한 종교 분쟁은 아니지만, 힌두교도와 불교도의 대립은 스리랑카뿐 아니라 동남아시아의 작은 나라 부탄에서도 일어났다. 부탄은 원래 인구의 대다수가 티베트불교를 믿는 나라였는데, 19세기 후반부터 20세기 사이에 네팔인 힌두교도들이 대량으로 유입되면서 종교 분쟁의 불씨를 심게 되었다.

그러나 20세기 후반부터 부탄 정부는 주민들에게 부탄의 문화를 강요하기 시작했고, 주민들이 이에 크게 반발해 1990년대부터 대규모 반정부 시위를 일으켰다. 그런 혼란 속에서 네팔계 주민 대부분은 난민이 되었고, 네팔로 피난하는 사람들의 행렬이 줄을 이었다. 이처럼 불교는 이질적인 종교나 종파가 불교 국가에 유입될 때의 문화 마찰이 분쟁으로 발전하는 경우가 많다.

수천 년 동안 이주를 반복한
유대인의 디아스포라

식민지 유대인이 반란을 일으키자
로마제국이 팔레스타인에서 추방

　'디아스포라(Diaspora, 흩뿌리거나 퍼트리는 것을 의미하는 그리스어에서 유래한 말)의 민족', '유랑의 민족', 이것은 유대교를 믿는 유대 민족의 별명이다. 유대인은 자기 나라에서 쫓겨나 세계 각지에서 온갖 박해를 받으며 이주와 정주를 반복해 왔기 때문이다.

　유대 민족의 유랑 생활은 무려 1,900년 가까이 계속되었다. 독일 그룹 보니 엠(Boney M)이 불러서 세계적으로 히트한 〈바빌론 강가에 앉아(Rivers of Babylon)〉도 유대인들이 그들의 땅 시온, 즉 이스라엘로 돌아갈 날을 생각하며 바빌론 강가에서 울었다는 내용의 노래

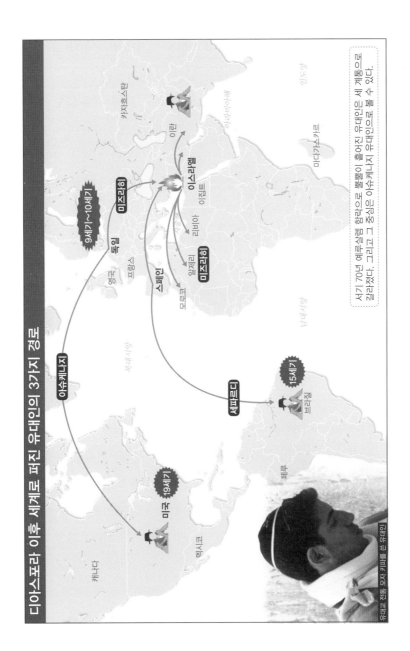

디아스포라 이후 세계로 퍼진 유대인의 3가지 경로

9세기~10세기

미즈라히

미즈라히

아슈케나지

세파르디

15세기

미국 19세기

독일
영국
프랑스
스페인
모로코
알제리
리비아
이집트
이스라엘

카자흐스탄
이란

마다가스카르

멕시코
캐나다
브라질
페루

인도양
북대서양
남대서양
지중해
아제르바이잔

서기 70년 예루살렘 함락으로 뿔뿔이 흩어진 유대인은 세 계통으로 갈라졌다. 그리고 그 중심은 아슈케나지 유대인으로 볼 수 있다.

유대교 전통 모자 키파를 쓴 유대인

로 유명하다. 유대인들의 떠돌이 생활은 그 세월이 길었던 만큼 그
들이 이주하고 정착한 땅도 세계 각지에 흩어져 있다.

유대인은 원래 메소포타미아(현재의 이라크 근방) 지역에 모여 살
다가 기원전 15세기 무렵 팔레스타인과 이집트로 이주했다. 이집트
에서 노예 생활을 하면서 숱한 압제에 시달렸으나 모세를 따라 탈
출(출애굽)한 뒤, 기원전 11세기에 이스라엘 왕국을 수립했다.

기원전 6세기경 바빌론 왕국에 멸망한 이스라엘 왕국의 귀족들
이 포로(바빌론 유수)로 끌려가 유대인 공동체를 형성했고, 거기서
《구약성서》를 편찬하면서 유대교의 교리를 정립했다. 그리고《탈무
드》로 유대교 신앙의 계율과 지혜를 집대성하는 성과를 거두었다.
바빌론 왕국을 멸망시키고 페르시아제국을 건설한 키루스 2세가
유대인을 석방하고 고향으로 되돌려보냈다.

잃어버린 고향 팔레스타인으로 돌아온 유대인은 같은 종교를 믿
는 사마리아인이 추방당하지 않은 채 살고 있었기 때문에 적대적인
관계가 될 수밖에 없었다. 솔로몬 왕의 사후 남쪽의 유대 왕국(유대
인)과 북쪽의 이스라엘 왕국(사마리아인)으로 분리되면서 종교적, 역
사적, 정치적 요인들이 얽히고설킨 갈등 관계가 표면화되었다.

기원전 40년에 유대 왕국은 로마제국의 식민지로 전락했다. 이후
유대인이 서기 70년에 반란을 일으키자, 로마제국은 유대인 대부
분을 팔레스타인에서 추방한다. 유대인은 132년에 로마제국에 대
한 반란을 다시 일으키지만 135년에 진압되는 바람에, 팔레스타인
의 예루살렘에 거주할 권리조차 빼앗기게 된다. 결국 조상의 땅에

세계를 움직인 아슈케나지 유대인들

아슈케나지 유대인은?

유럽에 거주하던 독일과 동유럽의 유대인 그룹을 뜻하며 가장 많은 수(800만 명~1,200만 명)를 차지하고 있다. 유럽 백인과 가장 유사하며 미국에 살고 있다.

홍해의 기적을 일으킨 모세, 시인 하인리히 하이네, 심리학자 지그문트 프로이트, 이스라엘 건국의 아버지 테오도로 헤르츨, 피아니스트이자 지휘자인 블라디미르 아슈케나지, 음악가 구스타프 말러와 펠릭스 멘델스존, 과학자 알베르트 아인슈타인, 작가 프란츠 카프카, 이스라엘의 여성 총리 골다 메이어, 피아니스트이자 작곡가 조지 거슈윈, 수학자 존 폰 노이만, 지휘자 레너드 번스타인, 영화감독 스탠리 큐브릭이 대표적인 아슈케나지이다.

서 쫓겨난 유대인은 세계 각지로 뿔뿔이 흩어지는 이산의 삶을 살
게 되었다.

세파르디, 아슈케나지, 미즈라히 등
3갈래 계통의 유대인이 세계에 분포

　유대인은 지금도 세계에 흩어져 살고 있다. 그들의 세 갈래의 이
산 경로를 살펴보면, 이베리아반도 방면, 독일 중심의 중유럽과 동
유럽 방면, 중동과 아프리카 방면으로 크게 나뉜다. 이것이 현대 유
대인을 세 가지 계통(세파르디, 아슈케나지, 미즈라히)으로 구분하는 기
원이다.

　먼저 이베리아반도로 향한 유대인은 세련된 유대인 사회를 구축
해 세파르디 유대인의 선조가 되었다. 이들은 중세 시대에 학자, 실
업가 등을 다수 배출하며 황금기를 누렸으나, 15세기 말부터 스페
인에서 추방되어 북유럽, 남유럽, 중동, 남미로 다시 이산했다.

　또 중유럽과 동유럽에 진출해 자리를 잡은 유대인은 아슈케나지
유대인의 선조가 되었다. 이들은 유럽 기독교의 배척을 받아 9～10
세기 사이에 서유럽, 중유럽으로 이주했고, 이후에 동유럽의 여러
지역까지 퍼져나갔다. 그러나 19세기 무렵 유럽 지역에서 박해받
았던 아슈케나지 유대인들이 대거 미국으로 이민을 떠났고, 나중에
이들 미국계 유대인들이 이스라엘 건국의 중심 세력이 되었다.

　그리고 중동과 북아프리카로 갔던 유대인은 서쪽으로는 모로코

독일의 아우슈비츠 수용소('노동은 당신을 자유롭게 합니다')라는 표지판이 있는 포로수용소 입구, 2010년, © Xiquinhosilva 사진, W−C

에서 동쪽으로는 아프가니스탄에 이르기까지 확산하면서 미즈라히 유대인의 선조가 되었다. 중세 시대에는 유대인의 절반을 차지한다고 할 정도로 광범위한 지역에 걸쳐 뿌리를 내리고 살았다.

유대인은 오랜 세월 동안 거듭되는 박해로 인해 여러 피해를 봤지만, 낯선 땅에서도 유대교 공동체와 신앙만은 자신의 목숨처럼 끈질기게 지켰다. 그들은 나치의 홀로코스트(유대인 대량 학살) 같은 만행을 겪고도 살아남아 현대사의 비극을 생생하게 증언하고 있다.

한편 유대인들은 1948년, 드디어 미국을 비롯한 유럽 국가들의 지원을 받아 성지 예루살렘이 있는 팔레스타인에 이스라엘이라는 유대인 국가를 세웠다. 그리고 몇 차례 전쟁을 통해 팔레스타인인을 예루살렘 일부 지역과 가자 지구로 거주지를 제한하면서 팔레스타인의 대부분 영토를 차지했다.

현재는 유대인 가운데 아슈케나지(독일 중심의 유럽계 유대인)가 가장 많고, 그다음이 세파르디(스페인과 포르투갈의 셈족 유대인), 미즈라히(중동과 북아프리카 유대인), 유후림(캅카스 산악 지대 유대인), 이탈킴(이탈리아계 유대인) 순이다.

수천 년 동안 유랑과 박해를 견뎌낸 선조들의 자손인 만큼, 유대인들은 유대교를 중심으로 서로 협력하며 정치, 경제, 문화 등 여러 분야에서 세계적인 인물을 배출하며 영향력을 확대하고 있다.

이스라엘 '모사드'의 힘은
유대인의 돈줄과 정보력

나치의 학살에서 살아남은 유대인의
팔레스타인 이주를 위해 1951년 설립

　'비밀정보기관' 또는 '스파이'와 같은 말을 들으면 영화 〈007〉의 제임스 본드처럼 유능한 정보원이 활약하는 화려한 장면을 떠올릴지도 모르겠다. 그러나 많은 정보원은 신분을 숨긴 채 음지에서 국가를 위해 목숨을 걸고 정보를 수집하는 등 여러 가지 공작 업무를 수행하고 있다.

　우리에게 널리 알려진 비밀정보기관으로는 미국의 CIA, 구소련의 KGB 등이 있지만, 세계 최강의 정보 조직이라면 유대인의 나라 이스라엘이 운영하는 '모사드(Mossad)'를 빼놓을 수가 없다.

이스라엘의 국가 정보기관 MOSAD

MOSAD
이스라엘의 국가 정보기관으로 세계의 정보 수집과 비밀 작전 및 테러 방지를 담당하고 있다. 알려진 연간 예산은 약 27억 달러(추정), 직원은 약 7,000명으로 자신들이 운영하는 벤처 캐피털이 있다. 국장 이외 요원은 비밀이며, '지도자가 없으면 나라가 망하지만 조언자가 많으면 안전하다'라는 모토로 일하고 있다.

이스라엘

이집트

모사드는 이스라엘 정부가 제2차 세계대전 중 나치의 집단학살에서 살아남은 유대인을 팔레스타인에 이주시키기 위해서 1951년에 설립되었다.

모사드의 이름을 일약 유명하게 만든 것은 600만 명의 유대인 학살의 총책임자였던 나치의 전 장교 아돌프 아이히만(Adolf Eichmann)을 끈질기게 추적해 1960년에 체포한 사건이었다. 모사드는 독일 항복 후 아르헨티나로 도망가 숨어 살던 아이히만을 납치해 이스라엘로 압송한 다음 교수형에 처한 것이다. 이로써 모사드는 나치가 저지른 홀로코스트 범죄에 대한 이스라엘의 깊은 분노와 끝까지 응징하겠다는 집념을 전 세계에 보여주었다.

또 1972년, 뮌헨올림픽에서 이스라엘 선수단 11명이 '검은 9월 단'이라는 팔레스타인 무장 조직에 살해당한 사건이 있었는데, 그때도 이스라엘 수상의 지령을 받은 모사드가 7년 동안 추적해 사건을 일으킨 팔레스타인 측에 보복하는 등 큰 성과를 거두었다.

모사드가 전 세계를 깜짝 놀라게 한 헤즈볼라의 무선호출기 폭발 사건

모사드는 팔레스타인 자치정부와 하마스, 팔레스타인 해방인민전선, 레바논의 헤즈볼라, 이란과 이라크, 시리아 정부는 물론 북한과 중동의 아랍 세력들을 상대로 정보를 발굴해 독자적으로 공작 활동을 한다고 알려져 있다.

이들은 2024년 7월에 이슬람 원리주의 조직인 하마스의 일인자 이스마일 하니예를 AI 폭탄으로 암살하는 데 성공했다. 그리고 9월에는 하니예의 수장 자리를 물려받은 야히야 신와르도 가자 지구의 한 건물에서 암살했다.

이러한 모사드의 정보력과 실행력으로 전 세계를 깜짝 놀라게 한 것은 바로 레바논 헤즈볼라에 대한 무선호출기(삐삐) 공격 사건이었다. 헤즈볼라 요원들이 사용하는 수천 대의 무선호출기에 폭발물을 심은 다음, 2024년 9월 17~18일에 원격 조정으로 폭발시켜 약 40명이 사망하고 3,000여 명이 중경상을 입었다.

모사드가 가진 막강한 힘의 비밀은 유대인의 전통적인 정보력에

이스라엘 현충일(5월 13일)에 헌화하는 데이비드 바르니아 이스라엘 모사드 현재 국장.
© GIL COHEN-MAGEN/Pool via REUTERS

있다. 고대부터 자기가 살던 나라에서 쫓겨난 유대인들은 낯선 곳
에서 살아남기 위해 정확한 주변 정보를 많이 얻어야만 했다. 이주
한 곳의 정치, 생활 환경, 식량 사정 등에 정통해야 목숨을 부지할
수 있었기 때문이다. 그래서 그들은 생존을 위해 친구, 거래처 등
가능한 네트워크를 최대한 활용해 정보 수집에 전력했다.

《성서》에도 유대인의 정보 수집 능력을 암시하는 내용이 있다. 예
를 들어 '아브라함이 집 앞을 지나는 나그네로부터 각지의 정보를
수집했다'라거나, '이집트에서 탈출한 유대인의 지도자 모세가 가
나안(팔레스타인)으로 쳐들어가기 전에 12명의 정탐꾼을 파견했다'
라고 언급한 부분이다.

또 옛날 이스라엘의 기사 기드온이 300명의 정예군을 이끌고 대군을 무찔렀다는 《성서》의 고사를 본받아 모사드의 핵심 정보원은 수백 명에 지나지 않는 것으로 알려져 있다.

CIA를 비롯해 다른 국가의 정보원에 비해 상당히 적은 인원이지만, 온 세상에 흩어져 활약하고 있는 유대인을 정보원으로 생각하면 총인원으로는 세계 최고가 될 것이다. 이처럼 정보를 중시하는 유대인의 DNA는 모사드를 통해 여전히 계승되고 있다.

성지 예루살렘을 둘러싼
유일신 3대 종교의 대립

유일신, 《구약성서》, 예루살렘이
3대 종교의 공통점이자 분쟁의 원인

의외라고 생각할지도 모르겠지만, 성립 초기의 이슬람교는 유대교와 기독교를 적대시하기는커녕 오히려 호의적인 감정을 품고 있었다고 한다. 이슬람교는 유대교, 기독교의 뒤를 잇는 일신교이면서 공통으로 《구약성서》를 신의 계시로 믿기 때문이다.

그러나 이들 3대 종교는 오래지 않아 예루살렘이라는 공통의 성지를 둘러싸고 대립하게 된다. 그것이 현재까지 이어지는 '팔레스타인 문제'의 본질이다. 이 문제는 11세기 말 기독교도들이 팔레스타인의 성지 예루살렘을 이슬람교도들로부터 탈환하기 위해 십자

헤롯의 예루살렘 궁전 요새 모형, 2008년, ⓒ Berthold Werner, W–C

군 전쟁을 일으키면서 시작된다. 그 후 기독교와 이슬람 간의 전쟁
의 역사가 반복되었고, 19세기 이후에는 팔레스타인의 정착 문제를
놓고 이슬람교와 유대교의 대립이 점점 심화하였다.

서기 70년에 디아스포라로 조상의 땅에서 쫓겨난 유대인은 예루
살렘을 포함한 팔레스타인 땅에 유대인 국가를 건설하려는 시온주
의 운동을 펼쳤고, 그 과정에서 당시 팔레스타인에 살던 아랍계 이
슬람교도와의 충돌을 피할 수 없었다.

세월이 흘러 제2차 세계대전이 끝날 무렵, 나치의 박해에서 도망
친 유대인들이 영국의 위임 통치하에 있던 팔레스타인을 개척하기

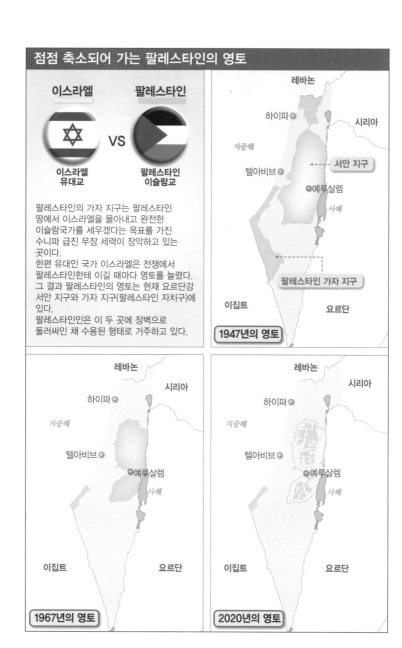

점점 축소되어 가는 팔레스타인의 영토

이스라엘 VS 팔레스타인

이스라엘
유대교

팔레스타인
이슬람교

팔레스타인의 가자 지구는 팔레스타인 땅에서 이스라엘을 몰아내고 완전한 이슬람국가를 세우겠다는 목표를 가진 수니파 급진 무장 세력이 장악하고 있는 곳이다.
한편 유대인 국가 이스라엘은 전쟁에서 팔레스타인한테 이길 때마다 영토를 늘렸다. 그 결과 팔레스타인의 영토는 현재 요르단강 서안 지구와 가자 지구(팔레스타인 자치구)에 있다.
팔레스타인인은 이 두 곳에 장벽으로 둘러싸인 채 수용된 형태로 거주하고 있다.

1947년의 영토

레바논
하이파
시리아
지중해
텔아비브
서안 지구
예루살렘
사해
이집트
팔레스타인 가자 지구
요르단

1967년의 영토

레바논
시리아
하이파
지중해
텔아비브
예루살렘
사해
이집트
요르단

2020년의 영토

레바논
시리아
하이파
지중해
텔아비브
예루살렘
사해
이집트
요르단

시작했고, 종전 후인 1948년 5월 14일에 드디어 유대 국가 이스라엘의 건국이 선포되었다.

주변의 아랍국들이 유대 국가의 건설을 가만히 보고 있지 않았다. 1948년, 이집트를 비롯한 아랍계 주변국이 이슬람의 이름으로 단결해 이스라엘을 침공한 것이다. 이후 4차례에 걸친 중동전쟁이 일어났다. 팔레스타인을 둘러싼 치열한 쟁탈전은 아랍과 이스라엘만의 문제라기보다는, 당시 강대국이었던 영국이 팔레스타인을 통치하면서 양다리를 걸친 비밀 외교를 고수한 책임도 있다.

애초에 영국은 제1차 세계대전 당시 팔레스타인 문제에 관해 유대인에게는 유대인 국가의 건설을 인정해 주고, 팔레스타인에 살고 있는 이슬람인에게는 아랍 국가의 건설을 약속했다. 하지만 두 민족이 팔레스타인을 둘러싸고 무력으로 충돌하면서 영국이 어느 편을 들기도 힘든 실정이었다.

그렇다고 하더라도 영국이 이중 계약한 일을 무책임하게 유엔으로 떠넘겨 버린 것은 비난받을 수밖에 없다. 즉 지나친 비밀 외교가 두 민족과 종교 간의 갈등을 확대하는 요인이 되었다는 책임을 피하기는 어렵다는 의미이다.

현재도 예루살렘의 일부는 이스라엘의 점령하에 있고, 아랍계 이슬람교도가 테러 등으로 저항하는 상황이 끊이질 않고 있다. 팔레스타인을 둘러싼 두 종교의 대립은 여전히 진행형이고, 입지가 좁아져 가는 팔레스타인 지역은 이스라엘이 포위하고 있는 게 현실이다.

인도의 '암소 보호' 때문에 힌두교와 이슬람교가 대립한다?

힌두교도는 소를 먹지 않지만, 이슬람교도는 돼지를 먹지 않는다

인도에서는 개, 고양이는 물론 돼지, 소, 염소, 코끼리 등의 동물이 거리낌 없이 거리를 활보한다. 특히 인도에서 가장 중요한 종교인 힌두교에서는 동물로 변신한 신들을 숭배하기 때문에 동물을 인간의 생활 공간에서 쫓아내지 않는다.

한편 이런 힌두교에서 가장 숭상하는 동물이 소이다. 특히 암소는 '풍요의 상징'으로 여기고 있다. 거리 이곳저곳에 '들소'가 돌아다니며, 소가 도로를 횡단할 때마다 차량 정체가 빚어질 정도이다. 하지만 사람들은 공공장소나 거리에 난입하는 소에 대해서 그다지

소 문제가 종교 대립의 발단으로!

현재 인도 국민의 80%는 힌두교도, 약 13%는 이슬람교도인데, 소를 숭배하는 힌두교도와 그러지 않는 이슬람교도 사이의 대립이 매우 심각하다.

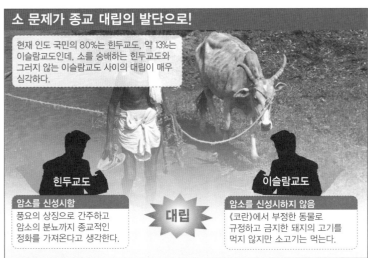

힌두교도

암소를 신성시함
풍요의 상징으로 간주하고 암소의 분뇨까지 종교적인 정화를 가져온다고 생각한다.

대립

이슬람교도

암소를 신성시하지 않음
《코란》에서 부정한 동물로 규정하고 금지한 돼지의 고기를 먹지 않지만 소고기는 먹는다.

구자라트 폭동

② 이 불로 당시 힌두교도 59명이 죽었다. 그 사실이 알려지자 힌두교도들이 구자라트의 수도 아메다바드에서 보복을 감행해, 대규모 폭동으로 번지고 사망자가 2,000명을 넘고 말았다.

파키스탄

구자라트 폭동은 2002년 인도 서부의 구자라트주 교외에서 힌두교도들이 탄 열차가 이슬람교도들에게 습격당한 일로 시작되었다. 이에 힌두교도들이 반격에 나선 결과, 사망자가 2,000명을 넘었다.

구자라트

아메다바드

고드라

인도양

① 힌두 성지인 아요디아에서 돌아오던 150여 명의 힌두교 성지순례단이 타고 있던 열차가 구자라트의 고드라역에 도착했을 때 이슬람 폭도들이 열차 안에 휘발유를 뿌리고 창밖에서 불타는 천을 던져 불이 났다.

중국
파키스탄   네팔
　　　인도
구자라트

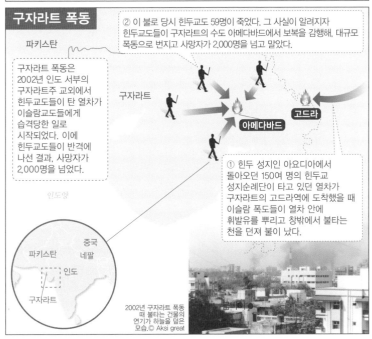

2002년 구자라트 폭동 때 불타는 건물의 연기가 하늘을 덮은 모습.© Aksi great

짜증을 내거나 결코 난폭하게 다루지 않는다. 그만큼 인도의 힌두교에서는 소가 종교뿐만 아니라 일상생활에서도 신성시되는 최고의 동물이다.

힌두교도들의 소에 대한 이런 생각이 때로는 다른 종교와 마찰을 빚기도 한다. 현재 인도 국민의 약 80%는 힌두교도, 약 13%는 이슬람교도로 추정하고 있다. 그런데 소에 관한 생각의 차이 때문에 두 종교 사이의 대립은 심각해지고 있다.

사건의 발단은 영국의 식민지 시절인 19세기까지 거슬러 올라간다. 이슬람교도들은 돼지를 부정하게 여기고 먹지 않지만, 소는 먹는다. 그런데 힌두교도들이 이에 반감을 품고 '암소보호운동'을 벌이기 시작했다. 결국 양쪽 교도들은 감정의 골이 점점 깊어져 종교 간의 대립으로까지 발전하게 된다.

'암소보호운동'은 인도가 독립한 후에도 계속되었다. 1950년대에는 힌두교 지상주의를 내건 정당(후의 인도인민당)이 암소 보호를 외치며 암소 도살 금지 법안을 제출하기도 했다. 이 운동은 1960년대 들어 대중에게까지 확산하여 대규모 시위를 일으키기도 했다. 또한 인도인민당은 '암소보호운동'으로 힌두교도들의 지지를 받아 1990년대 후반에 정권을 잡는 데 성공하기까지 했다.

그러나 힌두교와 이슬람교의 마찰은 날이 갈수록 커졌다. 2002년에는 인도 서부의 구자라트주 교외에서 힌두교도들이 탄 열차가 이슬람교도에게 습격당하는 사건까지 발생했다. 이에 힌두교도들은 이슬람교도들을 무차별적으로 학살해 당시 희생자가 2,000명이 넘었다고 한다. 물론 힌두교와 이슬람교의 의견 차이가 소 문제 하나에 국한된 것은 아니지만, 소는 두 종교 사이의 대립을 상징하는 심각한 문제라 할 수 있다.

영국의 〈BBC〉 방송은 인도인민당의 나렌드라 모디 총리가 집권한 2014년부터 힌두 극우주의자들이 소 보호를 명분으로 무슬림에 대한 폭력이 기승을 부리고 있다고 보도하기도 했다. 2022년 5월에는 인도에서 소를 도살했다는 이유로 토착 부족민 2명이 약 20명의 군중에 맞아 숨지는 일도 발생했다.

모디 정권이 힌두 민족주의를 강화하면서 소의 숭상이 반무슬림의 상징으로 여겨지고 종교 대립을 부추기고 있는 실정이다. 특정 종교의 단결이 다른 종교를 배척하는 결과로 이어지는 것이다.

5장

5대 종교지도로
종교 지식을
읽는다

대부분 종교에는 '성'에 관한 규범이 있으며, 불교 역시 기본적으로는
성행위를 악으로 간주한다. 단, 이것은 출가자와 승려에 대한 계율로,
성욕 때문에 이성에 대한 집착이 심해지거나 과오를 범하면 깨달음
을 얻지 못하고 괴로운 세상에 계속 머무르게 되기 때문이다.
불교는 '불사음계(不邪□戒)'라 하여 음란한 성행위를 하지 않도록
경계하는 계율이 있다. 전반적으로 불교는 성에 대한 탐닉을 경계하
는 편이다.

우상 숭배를 금지한 기독교에 성상과 종교화가 많은 이유는?

《성서》에서 우상 숭배를 금지했지만, 기독교의 종교화는 포교의 도구였다

예수 그리스도가 십자가형을 당하기 전날 밤의 식사 장면을 그린 레오나르도 다빈치의 〈최후의 만찬〉과, 재림한 예수가 죽은 자에게 심판을 내리는 모습을 그린 미켈란젤로의 〈최후의 심판〉. 이 그림들은 모두 세기의 명작으로 알려진 기독교의 종교화이다.

기독교에는 《구약성서》와 《신약성서》의 에피소드를 그린 종교화가 많은데, 이런 종교화는 서양미술사에서도 중요한 위치를 차지한다.

그런데 여기서 한 가지 의문이 생긴다. 기독교에서는 우상 숭배

〈최후의 만찬〉(벽화), 1495~1498년, 레오나르도 다빈치, 산타마리아델레그라치아 성당

가 금지되어 있는데 서양의 회화와 벽화, 조각상 중에 기독교를 주제로 한 종교미술이 많은 것은 왜일까? 우상 숭배가 일절 금지된 결과 회화나 조각, 공예품 등 종교미술 작품이 전혀 없는 이슬람교와는 대조적이다. 그 이유는 기독교의 적극적인 포교 정책에 있다.

기독교를 널리 퍼뜨리려면 글을 읽지 못하는 일반 서민이나 이민족에게도 포교해야 한다. 그래서 선교사들은《성서》뿐 아니라 예수 그리스도와 성인의 그림이라는 '시각적인 수단'을 포교에 활용할 필요가 있었던 것이다. 즉 기독교의 종교화는 예배의 대상인 동시에 포교의 도구였다.

《성서》에서는 우상 숭배를 금지했지만, 종교화가 포교 활동에 필요했기 때문에 교회 측도 묵인할 수밖에 없었을 것이다. 그런데 기독교의 성화와 조각상을 '예배 대상'으로 보느냐 마느냐에 대해서는 교리가 나뉜다. 8세기부터 우상을 금지한 동방교회(현재 동방정교회)에서는 성상 파괴 운동이 9세기 무렵까지 이어졌다.

한편 서방교회(현재 로마가톨릭교회)는 성화와 조각상을 어디까지나 '존경'의 대상으로 간주했을 뿐, '예배'의 대상과 구별함으로써 우상 숭배 금지라는 원칙을 지켰다. 즉 종교화 자체를 숭배하는 것이 아니라 그 배후에 있는 신을 예배하는 것이므로 문제가 없다는 논리를 내세운다.

16세기 종교개혁 시대에 개혁파 신자들이 성상 파괴 운동을 다시 일으키기는 했지만, 이제 기독교도들 사이에서 우상 숭배에 관한 생각의 차이 때문에 대립하는 사례는 거의 없다.

대부분 개신교는 사형제 폐지에 찬성, 보수적인 일부 교파는 사형제 지지

사형 제도에 대한 시비는 사람의 목숨이 걸려 있는 문제인 만큼 결론을 내기가 쉽지는 않다. 물론 사형 제도는 전 세계적으로 오래 전부터 존재했지만, 점점 폐지되어 가는 추세이기도 하다. 인권 의식이 커지고 사형 효과에 대한 회의가 커서 무기징역 또는 무기금고형으로 바꾸고 있기 때문이다.

또한 유럽연합 등 선진국들은 생명을 다루는 형벌을 헌법에서 금지하고 있다고도 한다. 그렇다면 각 종교는 사형이라는 문제에 어

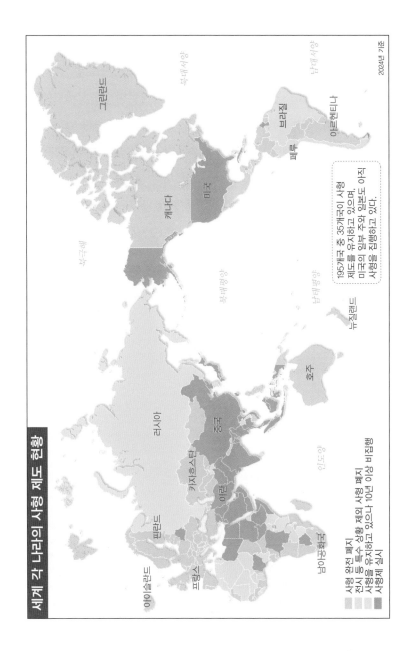

세계 각 나라의 사형 제도 현황

2024년 기준

그린란드

북대서양

브라질

아르헨티나

페루

캐나다

미국

북극해

1953개국 중 35개국이 사형
제도를 유지하고 있으며,
미국의 일부 주와 일본도 아직
사형을 집행하고 있다.

북태평양

남태평양

뉴질랜드

남태평양

인도양

호주

러시아

중국

카자흐스탄

이란

핀란드

남아공화국

아이슬란드

프랑스

사형 완전 폐지
전시 등 특수 상황 제외 사형 폐지
사형을 유지하고 있으나 10년 이상 비집행
사형제 실시

떤 입장을 가지고 있을까?

현재 사형 제도를 법률로 금지하거나 폐지하고 사실상 시행하지 않는 나라는 2018년 기준으로 모두 106개국이며, 사형 제도를 유지하며 실시하는 나라는 35개국이다. 또한 사형 제도가 있어도 지난 10년 이상 집행이 이루어지지 않은 나라도 47개국에 이른다.

이런 대세는 기독교의 사형 제도에 대한 입장의 변화와 겹친다. 다만 특이한 점은 현재 사형을 집행 중인 국가들은 대부분 아시아나 아프리카의 개발도상국이다. 또한 OECD 가입국 중에서는 예외적으로 미국의 일부 주와 일본이 사형을 집행 중이라 눈길을 끈다.

'사람을 죽여서는 안 된다'라는 구절과 사형에 처하기 직전의 여성을 예수가 구하는 장면 등 《성서》에는 종교 차원에서 사형을 반대하는 듯 보이는 부분이 있다. 그러나 실제로 가톨릭교와 개신교는 오랜 세월 동안 사형 제도를 용인해 왔다. 심지어는 종교재판으로 이단자에게 종종 사형을 선고했으며, 국가의 사형 집행도 인정하는 입장이었다.

그런데 근대 이후 수천만 명의 목숨을 앗아간 세계 대전을 겪으며 인명의 숭고함과 인권의 중요성을 자각했기 때문인지, 사형 제도에 대한 기독교의 생각이 바뀌고 있다.

가톨릭교는 이미 사형에 반대하는 입장을 확실하게 밝혔다. 로마교황 요한 바오로 2세는 "사형이 필요할 때도 있지만 그것은 매우 드문 일이다", "세계의 모든 지도자가 사형 폐지에 동의하기를 바란다"라고 말했다.

개신교 역시 사형 제도 폐지에 찬성하는 의견이 대다수지만 사형 제도를 지지하는 보수적인 교파도 일부 있다. 그들은 '남의 피를 흘리게 한 자는 자신의 피도 흘리게 된다'라는 《성서》의 구절을 '남의 목숨을 빼앗은 자는 자신의 목숨도 빼앗겨야 한다'라는 뜻으로 해석한다.

세계적으로 사형 제도에 대한 각 종교의 의견은 통일되지 않고 여전히 분분하지만, 기독교는 대체로 사형 제도의 폐지에 동의하는 입장을 견지하고 있다.

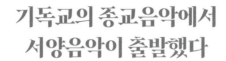

기독교의 종교음악에서
서양음악이 출발했다

기독교는 원래 '노래하는 종교'로 유명,
이슬람교는 종교음악을 엄격히 금지

　현대인에게도 사랑받는 바흐, 모차르트 등 세계적인 음악가가 작
곡한 클래식 음악의 기원은 사실상 '기독교 음악'이라고 할 수 있
다. 원래 기독교는 '노래하는 종교'로 불릴 만큼 음악과 밀접하다.

　기독교의 거의 모든 교파는 예배 중에 악기를 연주하거나 노래
를 부르는 등 음악을 적극적으로 활용한다. 신에게 기도할 때나《성
서》를 읽을 때, 가만히 작은 소리로 속삭이기보다는 소리를 높여 크
게 외쳐야 신이 기뻐한다고 믿는 것이다.

　기독교 음악의 기원이라고 할 만한 것이 최근 '치유의 음악'으로

좌)핀란드 투르쿠의 찬송가집 일부. 14~15세기. 핀란드 헬싱키대학교 도서관
우)그레고리오 성가를 구술하는 교황 그레고리우스 1세, 약 1000년경, 갈 수도원의 하트
커의 회고록에서

관심을 끄는 그레고리오 성가이다. 원래 지역마다 다른 언어로 불리던 것을 6세기 말에 교황 그레고리우스 1세가 통일하려 했다는 이유로 이런 이름이 붙었다.

9세기에는 신성로마제국의 황제 샤를마뉴(카를 대제)가 유럽 각지에 교회 또는 수도원 부속학교를 만들어 성가대 교육에 힘썼다. 성가대의 실력이 향상됨에 따라 음악 자체도 진화했다.

성가의 선율에 새로운 가사를 붙이는 기법이나 복수의 파트가 화합해 진행하는 음악 등이 등장한 것이다. 또 교회에 들어온 악기도 기독교 음악에 큰 영향을 미쳐, 미사곡 등 다양한 음악이 교회 음악

당시 가장 목소리가 좋았던 에티오피아 출신 해방 노예 빌라이 이븐 라바 알-하바시가
아잔을 최초로 낭송하는 것을 묘사한 세밀화.

으로 만들어지게 되었다.

14~16세기의 르네상스 시대에는 미사곡이 아카펠라로 불렸다. 그리고 바흐와 모차르트 같은 음악가들은 대중을 위한 작곡 외에도 오케스트라 연주를 위해 종교 미사곡을 많이 작곡했다. 이리하여 서양음악은 기독교 음악을 기초로 발전을 거듭했다.

그렇다면 다른 종교는 어떨까? 우선 이슬람교는 종교음악을 엄격히 금지한다. 예배 시간을 알리는 목소리인 '아잔'과 《코란》의 낭송은 얼핏 음악처럼 들리지만, 이슬람교에서는 이것을 결코 음악으로 보지 않는다.

불교도 이와 마찬가지로, 붓다는 수행에 방해가 된다는 이유로 음악을 금지했으나 인도에서 게구(揭句, 시의 형태를 띤 문장)가 낭송되기 시작했고, 그것이 대승불교에 전해졌다. 종교와 음악의 인연은 이처럼 깊다.

동성애자와 성전환자는
《성서》의 가르침에 위배된다?

기독교도가 대다수인 유럽 국가들은
동성애와 동성 결혼의 합법화 추세

'여자와 동침하듯 남자와 동침해서는 안 된다', '여자와 동침하듯 남자와 동침하는 자는 둘 다 안 될 일을 저질렀으므로 반드시 사형에 처한다' 등 동성애는 처벌해야 한다는 대목이 《구약성서》 레위기에 등장한다.

한편 기독교 이외 다른 종교의 경전에도 '동성애'를 부정적으로 여기는 구절이 많다. 그러나 최근 각 나라들은 동성 결혼에 대해 너그러운 분위기가 확산하고 있다. 각 종교에서는 이를 어떻게 해석하고 있을까?

동성 결혼을 인정하는 국가

2006년에 EU가 동성 결혼을 인정한 이후 세계적으로 동성 결혼에 너그러워졌다. 2024년 기준으로 전 세계 38개국에서 개인의 행복추구권, 평등권 등 인권과 시민권을 보장하는 차원에서 동성 결혼을 정식 혼인으로 인정, 법적으로 보호하고 있다. 영국(북아일랜드 제외), 멕시코 등은 일부 지역만 허용되고 있다. 반면 가톨릭교도가 많은 나라들도 의외로 동성애에 관대한 태도를 보여주고 있다.

■ 동성결혼을 인정하는 국가

네덜란드
2001년 세계 최초로 동성 결혼을 합법화했다.

덴마크
1989년 동성끼리 동거하는 커플을 가족으로 인정하는 등록제를 처음 만들었다. 그러나 정조 의무와 상속의 제한으로 법적인 보호를 받지 못했다.

미국
2003년 매사추세츠주를 시작으로 2015년에 완전히 합법화되었다.

아이슬란드
아일랜드
노르웨이
스웨덴
핀란드
북극해
그린란드
러시아
캐나다
독일
프랑스
오스트리아
이란
미국
쿠바
콜롬비아
코스타리카
브라질
그리스
에콰도르
남아공화국
인도양
오스트레일리아
남태평양
우루과이
아르헨티나
룩셈부르크
뉴질랜드
칠레
포르투갈
스페인

벨기에
2003년 동성애자들의 결혼을 허용하는 법률을 통과시켰다.

38개국에서 동성 결혼의 합법화가 이루어졌지만, 성소수자 처벌법이 있는 나라는 아직도 69개국이나 된다. 특히 사우디아라비아, 이란, 아프가니스탄, 수단 등에서는 동성애자가 발각될 경우 태형은 물론 사형까지 내려진다.

20세기 후반부터 LGBT(레즈비언(Lesbian), 게이(Gay), 양성애자(Bisexual), 성전환자(Transgender)를 합쳐서 부르는 단어)의 인권 운동이 활발하게 전개되면서, 기독교도가 대다수인 유럽의 여러 나라들은 동성애와 동성 결혼을 합법화하는 조치를 하는 중이다. 2001년에는 네덜란드가 세계 최초로 동성혼을 합법화했고 벨기에, 캐나다, 스페인, 남아프리카, 노르웨이 등도 그 뒤를 이었다.

그중에서도 가톨릭교도가 많은 스페인이 동성 결혼의 합법화를 인정하고 있는 점이 눈길을 끈다. 가톨릭교는 아직 피임을 인정하지 않을 정도로 보수적인 것으로 알려져 있는데, 동성애에 관해서만은 너그러운 태도를 보였기 때문이다. '동성을 사랑한다고 해도 그것은 스스로 선택한 성적 취향이 아니므로 죄가 아니고, 금욕 생활을 하면 기독교도로서의 생활에는 지장이 없다'라는 것이 가톨릭교의 견해이다.

결국 교황청은 2018년부터 성소수자를 뜻하는 단어 LGBT(레즈비언 · 게이 · 양성애자 · 성전환자의 앞 글자를 딴 것)를 공식 문서에서 처음으로 사용하기 시작했다. 또한 교황청은 동성애자뿐 아니라 성전환자에 대해서도 포용하겠다는 의지를 내비쳤다. 교황은 '성전환자도 하느님의 자녀'라고 언급하면서 "트랜스젠더도 세례를 받을 수 있으며, 세례식의 대부 또는 대모가 될 수 있다"라는 발표를 하기도 했다.

2003년 매사추세츠주부터 동성애와 동성 결혼을 전격 허용한 미국은 2008년에 캘리포니아주가 동성 결혼을 합법화했으며, 2015

1482년 취리히 성벽 앞에서 기사 리처드 풀러 폰 호엔부르크와 하인이 동성애 때문에 화형당하는 모습.

년부터 미국 전체에 동성 결혼을 합법화했다. 물론 미국 동부 13개 주는 1775년 독립전쟁 전까지, 스코틀랜드는 1885년까지, 영국은 1967년까지 동성애자를 사형에 처했을 만큼 동성애에 엄격했던 것에 비춰보면 가히 파격적인 변화이다.

　기독교는 전체적으로 동성애를 용인하는 분위기라고 할 수 있다. 2024년 8월 기준으로 세계 여러 나라 중에서 동성 결혼을 합법화한 나라는 모두 38개국이다.

이슬람 국가는 동성애자에게
지금도 사형을 선고하고 있다

　한편 이렇게 동성애가 널리 퍼지는 것 같지만 2021년을 기준으로 아직도 69개 국가에서는 동성애를 불법으로 치부한다. 특히 동성애를 죄악시하는 나라 대부분이 아시아와 아프리카의 나라들이라는 사실은 부정할 수 없는 현실이다.

　예를 들자면 이슬람교는 동성애와 동성 결혼에 대해 무척 엄격한 태도를 보인다. 이란, 사우디아라비아, 아랍에미리트, 예멘, 카타르, 모리타니, 나이지리아, 아프가니스탄, 소말리아, 브루나이 등의 이슬람 국가는 동성애자에게 지금도 사형을 선고하고 있을 정도이다. 이란의 경우에는 1979년 이슬람 혁명 이후 4,000명 이상의 동성애자가 사형되었다고 알려져 있다.

　이슬람 국가가 동성애를 금기시하는 근거는 《코란》에 있다. 《코란》에는 '당신들은 남자에게 접근하여, 신이 당신들의 배우자로 만든 자(여자)를 돌아보지 않는가?', '당신들은 여자가 아닌 남자로 정욕을 채운다. 진정으로 당신들은 구제할 길이 없는 사람들이다'라고 동성애를 비판하는 대목이 나온다.

경전에 어긋나는 새로운 현상이 현실 사회에 나타났을 때, 각각의 종교가 대처하는 방식은 제각각이다. 교리 해석과 종교적 관습에 따라 각 종파의 대응법이 다르기 때문이다.

경제 발전과 교리 때문에
이슬람권 인구가 급증한다?

2023년에는 세계 인구의 25%인
약 20억 명을 이슬람교도로 발표

세계의 인구는 개발도상국을 중심으로 끊임없이 급증하고 있다. 세계 인구는 82억 명(2023년 기준)인데, UN의 보고에 따르면 2080년까지 103억 명 이상이 될 것이라고 예상한다.

일반적으로 인구가 늘어나면 노동력도 늘어나는 긍정적인 측면과, 인구 과잉으로 인한 여러 문제가 발생하는 부정적인 측면이 있다. 우선 부정적인 측면을 살펴보면, 지구촌의 식량 수요는 2050년까지 2배, 물 수요는 2030년까지 30% 확대될 것이라는 예측도 있다. 이대로 가다가는 인구 과잉으로 인해 지구촌 곳곳에서 기아와

사우디아라비아의 제다 중심가에서 무슬림이 알라에게 기도(쌀라)를 올리고 있다.
© Homoludens, W−C

수자원 부족에 시달리게 될 것이다.

　세계의 인구 증가 문제에 가장 큰 영향을 미치는 것이 이슬람교이다. 2006년에는 세계의 이슬람교 인구가 가톨릭교 인구를 처음으로 넘어섰다. 또한 2023년에는 세계 인구의 24.7%인 약 20억 2,900만 명이 이슬람교도로 발표되었다(미국 퓨리서치센터).

　물론 현재 기독교 인구(가톨릭교, 개신교, 영국 국교회 등을 더한 합계)에는 아직 미치지 못하지만, 2010년의 이슬람 인구가 약 16억 명(전 세계 인구의 23%)이었던 것에 비교하면 어마어마한 증가 속도이다. 이슬람 인구의 증가율은 비이슬람 인구 증가율의 2배라고 추정하므로, 30년 후에는 약 30억 명(세계 인구의 약 30%)이 될 전망이다. 그렇게 되면 기독교 전체 인구까지 추월하게 된다는 예측이 나오고 있다.

오일 머니가 생활 환경을 향상, 인구의 자연 증가에 기여했다

왜 이슬람교 인구가 이렇게 급격히 늘어나고 있을까? 그 이유 중 하나는 이슬람 국가들의 경제 발전에 있다. 이슬람권에는 석유 자원이 풍부한 나라가 많다. 오일 머니가 생활 환경을 향상시키고, 양질의 의료 서비스를 공급해 인구의 자연 증가에 이바지한 것이다. 또 경제 발전에 따른 노동자 이민의 증가도 각 나라의 인구 증가로 이어졌다.

두 번째 이유는 이슬람교의 교리에서 찾아볼 수 있다. 이슬람교는 신의 의지에 반한다는 이유로 임신 중절과 피임을 금지한다. 그리고 자손이 줄어들면 이슬람 사회 전체가 축소되고, 이슬람교 자체가 쇠퇴할지 모른다는 우려도 한몫하고 있다.

이슬람 사회의 급격한 인구 증가로 인해 이미 몇 가지 문제가 대두되고 있다. 대표적인 것으로 '고출산과 저령화' 문제를 꼽을 수 있다. 선진국들은 대개 저출산과 고령화로 고심하지만, 이슬람 국가들은 높은 출산율로 인해 젊은층이 점점 늘어나고 있다. 이는 경

이드 알피트르 기도(무슬림이 단식 종료 후 올리는 기도), 2011년, © AhmetSelcuk, 이스탄불 술래이마니 모스크

제 성장에 긍정적인 효과도 있겠지만, 반면에 노동력 과잉 상태에 빠지면 일터에서 밀려난 젊은이들이 불만을 분출할 우려가 있다. 그래서 정부는 새로운 일자리를 계속 마련해야 하지만 쉽지 않은 일이다.

인구 과잉의 문제를 해결하기 위해 산아 제한이 필요하다고 주장하는 성직자도 등장했다. 임신 중절은 인정할 수 없지만, 피임 도구의 사용은 허용해야 한다는 것이다. 또 정부가 나서서 가족계획의 필요성을 호소하는 나라도 있다.

'신의 의지'를 우선할 것인지, '사회적 안정'을 중시할 것인지를 놓고 지금 이슬람 국가들은 선택을 강요받고 있다.

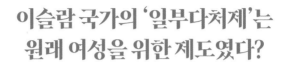

이슬람 국가의 '일부다처제'는 원래 여성을 위한 제도였다?

무슬림의 99%가 일부일처제를 준수, 일부다처의 무슬림은 소수에 불과

　이슬람 세계에서는 한 남성이 합법적으로 여러 명의 아내를 맞이할 수 있다. 《코란》에서 일부다처제를 허용하기 때문에 여러 여성과 혼인 관계를 맺는다 해도 아무런 문제가 되지 않는 것이다. 실제로 이슬람권에는 사우디아라비아와 이집트처럼 아내를 두 명 이상둘 수 있는 나라가 많다.

　실제로 《코란》을 보면 이런 기록이 나온다.

　'너희가 고아가 된 소녀들을 공정하게 대하고 받아줄 수 없을 것같은 두려움이 있다면, 좋은 여성과 결혼하라. 두 번, 혹은 세 번,

혹은 네 번도 좋다.'

이슬람교를 믿는 무슬림은 《코란》을 '하느님의 계시'라고 여기며 굳게 믿는다. 그래서 이들은 이 구절을 근거로 아예 이슬람교에서는 아내를 4명까지 두는 게 허용되었다.

하지만 지금은 무슬림의 99%가 일부일처제를 준수하고 있으며, 일부다처를 하는 무슬림은 소수에 불과하다. 일단 일부다처제로 살려면 돈이 아주 많아야 하고, 여러 아내가 모두 자기 집에 살아야 하기에 집도 여러 채 있어야 하는 현실적인 부담도 만만치 않다.

또한 이슬람권의 일부다처제가 이슬람권 남성들의 이기적인 욕망을 채우기 위한 제도는 아니다. 이는 원래 여성을 보호하기 위해 만들어진 제도였기 때문이다.

이슬람교가 성립된 직후인 7세기 이슬람 사회에서는 전쟁으로 사망한 남성들의 미망인과 남겨진 고아들을 구제하는 것이 큰 문제였다. 당시에는 남성보다 여성의 비율이 상당히 높았다고 한다. 또 사막 지대에서 유목 생활을 하는 이슬람권에서는 식료품과 물을 구하기가 무척 어려우므로 여성이 혼자 살아가기 힘든 환경이었다.

그래서 무함마드는 그런 여성들을 구제하기 위해 한 남성에게 여러 여성을 보살피도록 한 것이다. 즉 일부다처제는 약하고 어려운 여성을 지키기 위한 일종의 사회 제도로 출발한 셈이다. 단, 남자는 여자의 모든 생활을 책임져야 하므로 앞에서도 언급했듯이 경제적으로 여유가 있는 남성만이 여러 아내를 거느릴 수 있다는 게 특이점이다.

게다가 모든 아내를 공평하게 대하고 본처, 후처 등으로 구별해서는 안 된다. 그렇게 할 수 없다면 여성을 '혼자 있게 내버려 두라'라고 《코란》은 말한다.

이렇게 엄격한 조건으로 성립된 제도이므로 현대 이슬람 사회에서는 여러 아내를 거느린 사람이 그다지 많지는 않다. 아내가 둘인 남성은 있어도 셋 이상인 남성은 극히 드물다. 이슬람교도가 인구의 65%를 차지하는 말레이시아에서는 아내가 둘 이상인 남성이 10% 정도라고 한다.

'남녀는 모두 자유롭고 평등하다'라는 《코란》에 따라 여성의 사회 진출 활발

'이슬람 사회에서는 남성만이 대접받고 여성은 차별당한다'라고 생각하는 사람이 많을 것이다. 여성은 외출할 때마다 베일을 써야 하고, 혼전 성관계나 불륜을 저지르면 공개 처형을 당하며, 유산을 남성에 비해 적게 받는 등 이슬람 국가들은 차별적인 규정과 전통, 관습이 많기 때문이다.

그러나 여성이 사회적으로 억압받는다는 인식은 서양의 일방적인 시각을 반영한 것일 뿐, 실제로는 그렇지 않다는 의견도 있다. 《코란》에서는 '남녀는 모두 자유롭고 평등하다'라고 가르치며, 최근에는 여성의 사회 진출도 활발해졌다.

예를 들어 세계에서 이슬람교도가 가장 많은 나라인 인도네시아

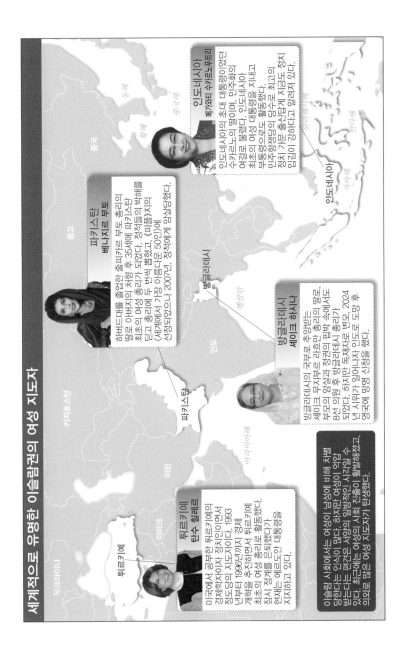

는 이미 여성 대통령을 배출한 역사가 있다. 이슬람교도가 두 번째로 많은 파키스탄, 세 번째로 많은 방글라데시, 네 번째로 많은 튀르키예 등에서도 여성이 총리로 선출된 적이 있다. 그리고 의회의 여성 비율이 높은 나라도 많기 때문에 이슬람 국가들은 여성의 사회 진출이 활발해지고 있다.

여성의 자동차 운전을 금지하고, 규정을 위반하면 채찍질한다는 사실이 알려져 물의를 빚은 사우디아라비아에서도 여성은 다양한 직종에 진출해 활동하고 있다. 여기서는 남성과 여성의 사회적 공간이 분리되어 있기는 하지만 병원, 학교, 은행, 미용실 등 다양한 곳에서 일하는 여성의 모습을 볼 수 있다.

이슬람 사회의 전통을 지키고 풍기 문란을 방지한다는 명분을 내세워 여성에게 다양한 규제가 따르는 것은 사실이다. 하지만 종교적 가치관과 사회적 풍습이 다르다고 해서 무조건 차별로 매도하는 것도 바람직하지 않을 것이다.

상식으로 알아두면 좋은
이슬람교 교리는 무엇일까?

'음주와 도박과 우상과 점술은
가증한 샤이탄(악마)의 일이다'

종교적인 이유로 금지되는 음식이 종종 있는데, 그중 가장 화제가 되는 것이 바로 이슬람교에서 금지한 '술'이다. 이란, 사우디아라비아, 말레이시아 등 이슬람법이 적용되는 나라에서는 이슬람교도, 비이슬람교도의 구별 없이 국내에서의 음주가 금지된다. 공공장소에서 술을 마시면 체포될 수 있으니까, 외국 여행자들도 조심하는 것이 좋다.

그렇다면 이슬람교에서는 왜 술을 금할까? 답은 단순하다. 《코란》에 그렇게 쓰여 있기 때문이다. 하지만 음주에 대한 《코란》의 견

이슬람 세계의 음주 상황

이슬람교에서 금지하는 것 중 가장 대표적인 것은 술이다. 그들은 《코란》을 근거로, 육체를 해치고 정신을 어지럽히는 술을 위험한 음료로 규정하고 있다. 또한 음주와 도박과 우상과 점술은 악마의 일이니 피해야 운이 좋아진다고 믿는다.

이란
이슬람 혁명 후 술의 생산이 금지되었고, 음주가 여러 번 적발되어 사형당한 사람도 있다.

모로코, 튀니지
외국인만 금주 적용을 받지 않는다.

아프가니스탄
2021년에 재집권한 탈레반 정권은 음주 단속을 엄격하게 시행하고 있다.

북극해

그린란드해

카타르
술의 수입이 금지되어 있고 음주자는 범죄자 취급을 받으며, 외국인은 허가 지역에서만 술을 마실 수 있다.

북대서양

인도양

남태평양

남대서양

리비아
술의 수입, 판매가 금지되어 있고, 적발자는 무거운 벌을 받는다.

사우디아라비아
술의 생산, 수입, 소비가 완전히 금지되어 있다. 음주가 적발되면 벌금을 내고 감옥에 가거나 태형을 받는다.

말레이시아
이슬람교도는 음주 금지. 위반하면 채찍질을 당한다.

■ 음주 금지 국가   □ 음주에 관한 규정이 없는 국가

해는 한결같지 않다. 처음에 무함마드에게는 '취했을 때는 자신이 무슨 말을 하는지 확실히 이해할 때까지 기도처에 가까이 가지 말라'라는 가벼운 내용의 계시가 내려졌을 뿐이었다.

그런데 신의 계시가 점점 엄격하게 변해갔다. 그래서 결국 '그대, 신자 된 자여. 음주와 도박과 우상과 점술은 가증한 샤이탄(악마)의 일이다. 명심하고 피하라. 그러면 그대의 운이 좋아지리라'라는 엄격한 계시가 내려진다. 이런 이유로 음주가 금지된 것이다.

따라서 이슬람교는 《코란》을 근거로, 육체를 해치고 정신을 어지럽히는 술을 위험한 음료로 규정해 금지하고 있다.

이슬람교의 교육 기관 '마드라사'는 테러리스트를 양성하는 학교인가?

기독교에 차세대 전도자나 성직자를 양성하고 훈련하는 신학교가 있듯, 이슬람교에도 종교 교육 기관인 '마드라사'가 있다. 이슬람교를 믿는 가정의 아이들은 학원과 비슷한 이곳에서 이슬람교에 관한 공부를 하게 된다.

마드라사는 대부분 모스크 안에 있으며, 정규 교사들과 자원봉사자들이 이슬람과 관련된 다양한 지식을 가르친다. 그중에서도 가장 중요한 과목은 《코란》의 해석과 암송, 아랍어 수업이다. 특히 이들이 아랍어를 중요하게 생각하는 것은 《코란》이 아랍어로 쓰였기 때문이다.

사마르칸트 레기스탄에 있는 세 개의 마드라사와 광장, 2011년, © Gusjer, W-C

　마드라사의 수강생은 대부분 5세부터 15세까지의 아이들이다. 그들은 1주일에 5일 동안 학교가 끝난 후 2시간 정도 마드라사에서 공부한다. 어디까지나 학교가 우선이라서 학교 공부와 숙제를 마친 후 마드라사의 강의를 듣는 것이다.

　이슬람의 마드라사 수는 해마다 증가하는 추세이다. 일례로 방글라데시에는 36개의 마드라사가 있다. 정부가 허가한 알리야 마드라사와 무허가인 쿼미 마드라사가 있으며, 최근에는 쿼미 마드라사의 졸업생이 새로운 마드라사를 설립하는 사례도 많다. 이란에서는

정권의 안정과 번영을 위해 여성 종교 전문가가 필요하다는 이유로
여자 마드라사를 개설하기도 했다.

마드라사에서는 법학 등의 고등교육까지 이루어지므로 졸업생은
교사, 관료, 재판관, 이슬람교 선교사 등 다양한 분야에서 활약하게
된다. 이렇게 마드라사는 현재 이슬람 사회의 중요한 교육 기관으
로 자리 잡고 있다.

그러나 마드라사의 부정적인 측면도 있다. 극단적인 반미 사상과
지하드에 대한 잘못된 해석을 가르쳐서 장래 테러리스트를 양산할
위험이 있기 때문이다.

대표적인 예가 탈레반이다. 9.11 테러의 주모자 오사마 빈 라덴
을 은닉했던 것으로 알려진 탈레반은 원래 파키스탄의 마드라사에
서 생겨난 조직이었다. 지금도 그곳의 지도자들은 마드라사에 다니
는 가난한 가정의 아이들과 고아를 조직원으로 끌어들인다고 한다.
다만 이런 문제를 일으키는 마드라사는 극히 일부이며, 대부분은
건전한 교육 기관으로 잘 운영되고 있는 편이다.

중세 시대의 이슬람 국가는
수학, 의학 등 과학기술이 발달

지금은 기독교도가 많은 서구 선진국이 첨단의 과학기술로 문명
의 발달을 주도하고 있다. 그러나 근세 이전에는 서구의 기독교 국
가가 아닌 이슬람 세계에 최고로 발전된 과학기술이 집중되어 있었

이슬람제국의 확장과 함께 이루어진 과학 발전

십자군전쟁에 참전했던 병사들이 예루살렘에서 이룩한 이슬람의 유물과 책들이 전해져서 르네상스 운동에 영향을 주었다.

그리스 과학을 유연하게 받아들이고, 그리스어를 아라비아어로 번역하며 연구.

이슬람 제국은 영토 확장을 통해 피정복민들의 문화와 문명을 존중하고 수용하면서 과학 등 이슬람 문명을 더욱 발전시켰다.

러시아

카자흐스탄

이란

카스피해

이라크

터키예

흑해

이탈리아

독일

폴란드

영국

프랑스

아일랜드

모로코

이집트

수단

지중해

그리스 과학

이슬람

홍해

인도양

전파

전파

르네상스

남태사양

■ 11세기 이슬람 세계

다. 현대 과학의 기초는 그리스 과학인데, 그리스 사상이 다신교에 기초해 있다는 이유로 당시 기독교는 그리스 과학을 배척했기 때문이라고 한다.

한편 이슬람교도는 《코란》에 '과학은 알라의 은혜이다'라고 기록된 연유로 그리스 문헌을 아랍어로 번역하고, 또 거의 모든 그리스 과학을 유연하게 받아들이면서 연구를 진행했다.

이슬람 과학은 신학, 철학, 천문학, 지리학, 화학 등의 광범위한 분야를 포괄했지만, 그중에서도 주목할 만한 분야는 수학과 의학이다. 당시 이슬람권의 수학자들은 로그(Logarithm, 對數)와 대수(Algebra, 代數)를 고안했고, 삼각비와 구면기하학을 발전시켰다. 지금도 계산에 쓰는 숫자를 아라비아숫자라고 부르는 것을 보면 이슬람 과학이 세계에 미친 영향이 얼마나 컸는지 알 수 있다.

병상의 이븐 시나, 1479~1480년, Walenty z Pilzna

의학 분야에서는 11세기의 철학자이자 의학자였던 이븐 시나가 가장 유명하다. 그는 평생 242권의 책을 썼다고 알려져 있으며 철학, 과학과 함께 의학에서 위대한 업적을 남겼다. 특히 그가 7년이나 썼다고 알려진 5권짜리 《의학 정전》은 그의 저서 중에서도 가장 유명한 책으로, 12세기에 썼지만 16세기까지 유럽에서 의학 교과서로 쓰였을 만큼 수준이 높았다고 한다.

중국의 3대 발명품으로 불리는 제지법, 나침반, 화약도 이슬람 세계를 거쳐 기독교 세계로 전해졌다. 이슬람 과학은 비록 14~16세기의 르네상스 시대 이후 서양 과학에 추월당했지만, 늦게나마 다시 서구의 현대 과학기술을 유연하게 도입하려고 애쓰고 있다.

미국은 이슬람교로 개종하는 히스패닉계가 늘고 있다

중동 이슬람 이민자가 늘어나면서
히스패닉계와 폭넓은 연대감 형성

이슬람교로 개종하는 사람이 최근에 급속히 증가하고 있다. 다소 의외라는 생각이 들 정도로 개종자가 가장 많은 지역은 북미 지역이다.

미국의 이슬람교 인구는 최근 20년 동안 약 70%나 늘어 현재는 385만 명(2020년 기준)에 달한다. 미국 전체 인구의 1%로 추정되고 있는데, 미시간주의 햄트래믹 같은 도시는 인구가 28,000명인데 시장과 시의원이 모두 무슬림일 정도이다. 뿐만 아니라 시카고 같은 경우에는 50개의 모스크가 있을 정도로 많은 무슬림이 살고 있다.

미국 애리조나대학교 투싼 이슬람센터, © Zereshk, W–C

지금 무슬림이 이렇게 늘어나는 속도를 유지한다면 머잖아 미국 내 유대교 인구인 760만 명(2020년 기준)을 추월할 것이라는 전망까지 나오고 있다. 2040년이면 이슬람교가 미국에서 기독교 다음으로 큰 종교 집단이 될 것이라는 소리도 나오고 있다.

미국에서 이슬람교로 개종한 사람 중에는 중남미 출신의 히스패닉계 이민자가 많다고 알려져 있다. 히스패닉계가 흑인보다 인구가 더 많아서 무슬림의 인구가 더 늘고 있다는 사실에도 미국은 주목하고 있다. 2008년을 넘어서면서 개종자 20만 명 중 최소한 7만 명 이상은 히스패닉인 것으로 보인다.

그들은 경제적인 풍요를 찾아 미국에 갔지만, 대부분 직업과 주거지가 불안정하고 귀화도 좀처럼 허가되지 않아 경제적, 정신적으로 어려움을 겪는 사람이 많았다. 그런 고민을 공유할 수 있는 집단이 중동이나 아시아의 이슬람 이민자 공동체이다. 그들 또한 낯선 땅에서 제대로 대접받지 못한 채 고생하는 처지라서 히스패닉계와 연대감을 쉽게 느끼는 것이다.

서로 관계가 깊어지면 신앙에 관해 이야기할 기회도 많아지고, 이슬람교에 공감하는 히스패닉계도 생기게 마련이다. 히스패닉계 중에는 보수적인 가치관을 가진 사람이 많아서 이슬람교를 받아들이기가 더 수월하다는 의견도 있다.

이슬람교를 접할 기회가 많아진 탓에
세계 곳곳에서 개종자가 증가 추세

한편 미국에서는 9.11 테러 이후 이슬람교에 대한 비판이 높아지고 있다. 그래서 이슬람교의 좋은 면을 전달하고 이미지를 개선하기 위해 매체 등에 등장하는 이슬람교도도 종종 눈에 띈다. 이 같은 이슬람 홍보 활동이 개종자를 늘린 요인 중 하나라고 한다.

이슬람교 개종자가 증가하는 경향은 유럽도 마찬가지이다. 영국에서 이슬람교로 개종한 사람은 최근 20년간 30만 명 가까이 증가했다. 게다가 그들의 약 3분의 2는 여성, 70%는 백인으로 평균 연령은 27세였다.

이슬람 개종자들을 상대로 이유를 제한 없이 열거하게 했더니,

책의 영향이 96%, 이슬람교도 친구의 영향이 85%, 인터넷의 영향이 52%라는 결과가 나왔다. 그러나 기본적으로는 9.11 테러 이후 이슬람교에 흥미를 갖게 되었고, 일상생활 속에서 이슬람 관련 정보를 접하면서 입문하게 된 사람이 많은 듯하다.

놀랍게도 전 영국 총리 토니 블레어의 처제도 이슬람교 개종자 가운데 하나이다. 그녀는 이란의 이슬람교 성지를 방문했다가 이슬람교도를 사랑해야 할 존재로 느껴 순례 행렬에 합류했다고 한다. 그래서 지금은 외출할 때마다 머리를 천으로 감싸고 돼지고기를 먹지 않으며, 매일 《코란》을 읽는 등 이슬람교도로서 생활하고 있다고 한다. 이전에 비해 서구에서도 이슬람교를 접할 기회가 많아진 까닭에 세계 곳곳에서 개종자가 증가하고 있다고 분석한다.

불교에는 부처님도 많고,
경전도 무궁무진하다

불교계에서는 여래가 가장 높고,
보살은 여래를 보좌하는 역할이다

 사찰을 방문해 가만히 불상을 보고 있으면 불상의 종류가 왜 이렇게 많은지 궁금해질 것이다. 원래는 교조인 붓다를 형상화하려 했겠지만, 부드러운 미소를 띤 것, 분노의 표정을 지은 것, 많은 손이 달린 것, 동물과 일체화된 것 등 불상의 형상은 실로 다양하다.

 사실 불상은 '여래(如來)', '보살(菩薩)', '명왕(明王)', '천(天)'의 네 종류로 나뉘는데, 이들은 각각 다른 역할을 맡고 있다.

 여래는 최상위의 부처로, 붓다 또는 붓다와 동등하게 진리에 도달한 다양한 부처를 나타낸다. 석가여래(釋迦如來), 아미타여래(阿彌陀

간다라 불입상(고타마 붓다를 표현한 최초의 불상 중 하나), 기원후 1~2세기, 간다라(현재 파키스탄 지역)에서 출토, 도쿄 국립미술관

如來), 약사여래(藥師如來) 등이 유명하다. 불상의 특징으로는 정수리의 육계(상투 모양으로 뼈가 튀어나온 곳)와 이마의 백호(미간의 희고 빛나는 고수머리)를 들 수 있다.

보살은 신자들의 소원을 들어주고 부처(여래)의 가르침을 전파하는 역할을 하며, 관음보살(觀音菩薩), 미륵보살(彌勒菩薩) 등이 유명하다. 그중 지장보살(地藏菩薩)만 유일하게 승복을 입고 있으며, 그 외에는 머리카락을 높이 틀어 올리고 보석으로 꾸민 관이나 팔찌 등 많은 장식품을 걸친 것이 특징이다.

명왕은 여래와 보살의 가르침에 귀를 기울이지 않는 자를 위협해 경계하거나 악을 무찌르는 역할을 한다. 어리석은 사람들까지 바른 길로 인도해야 하므로 무서운 표정을 짓고 있다. 부동명왕(不動明王), 애염명왕(愛染明王), 공작명왕(孔雀明王) 등이 있으며 활과 화살, 금강저(절굿공이) 등의 무기류를 많이 들고 있다.

천은 불법(佛法)과 승려, 신자들을 지키는 역할을 한다. 원래는 브라만교 등 다른 종교의 신이었으나 불교로 편입되면서 수호신으로 바뀐 경우가 많다. 제석천(帝釋天), 변재천(辯才天), 길상천(吉祥天) 등 많은 천이 있으며, 팔부중(八部衆, 불법을 수호하는 여덟 신), 십이천(十二天, 인간 세상을 지키는 열두 하늘의 신) 등으로 무리 지어 활동하기도 한다.

즉 부처의 세계에서는 여래가 가장 높고, 보살이 여래를 보좌하며, 그 밑에 완력을 행사하는 명왕과 부처의 수호신인 천이 위치한다. 이런 역할을 알면 불상에 대한 이해가 깊어질 것이다.

1300년대 일본 가마쿠라막부 시대의 천수관음보살 좌상과 사천왕, © Daderot, 도쿄 국립박물관

'성생활'을 통해 깨달음을 얻는
불교 교파가 숭배하는 《이취경》

대부분 종교에는 '성'에 관한 규범이 있으며, 생식 목적 이외의 성행위를 아예 부정하는 종교도 많다. 불교 역시 기본적으로는 성행위를 악으로 간주한다. 단, 이것은 출가자와 승려에 대한 계율로, 성욕 때문에 이성에 대한 집착이 심해지거나 과오를 범하면 깨달음을 얻지 못하고 괴로운 세상에 계속 머무르게 되기 때문이다.

불교는 일반적으로 신도들에게까지 성행위를 금하지는 않지만,

'불사음계(不邪婬戒)'라 하여 음란한 성행위를 하지 않도록 경계하는 계율이 있다. 전반적으로 불교는 성에 대한 탐닉을 경계하는 편이다.

그러나 밀교(7세기 후반 인도에서 성립된 대승불교의 한 종파. 미신적이고 주술적이며 퇴폐적인 교파라고 생각하는 사람이 많으나 원래는 개체와 전체의 신비적 합일을 목표로 한다)의 대표적인 경전 《이취경(理趣經)》에는 붓

이취경에 나오는 요가의 5가지 비밀법, 가마쿠라 시대 비단화

다가 경계했던 인간의 성적인 욕망을 긍정하는 듯한 대목이 있다.

《이취경》은 7~8세기경 인도에서 성립된 경전으로, 정식 명칭은 《반야이취경(般若理趣經)》이다. 전 17단계 중 총론에 해당하는 '초단'에서는 17청정구(十七淸淨句)를 소개하며, 육체적인 번뇌에서 벗어나 해탈에 이르는 과정을 자세히 분석하고 있다. 17청정구란 묘적(妙適), 욕선(欲箭), 촉(觸), 애박(愛縛), 일체자재주(一切自在主), 견(見), 적열(適悅), 애(愛), 만(慢), 장엄(莊嚴), 의자택(意慈澤), 광명(光明), 신락(身樂), 색(色), 성(性), 향(響), 미(味) 등으로 각각 해탈에 이르는 과정을 가리킨다.

초단의 내용을 문자대로 해석하면 '욕망이 향하는 대로 행동하는

것도 청정하며, 성생활을 영위하는 것조차 보살의 경지이다'라고
할 수 있다. 한때는 이 가르침을 믿는 종교까지 생겨나, 성행위를
통한 절정감이야말로 진정한 깨달음의 경지라고 주장하기도 했다.

그러나 《이취경》은 단순히 욕망을 긍정한 경전이 아니다. 오히려
쾌락만을 추구하는 성적인 욕망에 휘둘리지 않고, 그것을 '남을 위
해 무언가 하고 싶다'라는 욕망으로 전환해서 인간으로서 크게 성
장하는 것이 중요하다고 강조한다.

깨달음을 얻을 목적으로 성욕을 긍정하면 지혜의 눈이 열려서 모
든 것을 있는 그대로 바라보게 된다는 것이다. 《이취경》은 진리를
깨치는 방법을 역설적으로 설명하기는 했지만, 어디까지나 깨달음
을 목표로 한다. 쾌락을 위한 성행위를 긍정한 경전이 전혀 아니다.

노벨상 수상자의 30%가 유대인인 이유는 무엇인가?

세계 경제를 좌우하는 유대인들이 학문, 문화에서도 두각을 나타낸다

1901년부터 2024년 사이에 노벨상과 알프레드 노벨을 기념하는 스웨덴 릭스방크 경제과학상은 1,012명의 개인과 조직에 627회 수여되었다. 또한 노벨상을 두 번 이상 수상한 사람도 있어 노벨상은 총 976명의 개인과 28개의 조직이 수상했다.(2024년 노벨상 위원회 기록 참고)

그런데 세계 인구의 0.2%에 불과한 유대인이 노벨상을 휩쓸고 있다는 얘기는 이전부터 있었다. 결국 유대인들이 여전히 세계 부자의 상층부를 차지할 뿐 아니라 학문, 문화에서도 두각을 나타내

프레드 베른하르드 노벨, 자기 재산에서 생기는 이자로 매년 물리학, 화학, 생리학 및 의학, 문학, 평화 부문에 공헌이 있는 사람에게 상을 주라는 유언장.

며 건재하다는 뜻이다.

앞서 언급했듯이 유대인은 금융업과 경영에서 눈부신 활약상을 보이고 있다. 구글의 창업자 래리 페이지, 메타의 창업자 마크 저커버그, 아마존의 성공 신화를 쓴 제프 베이조스, 인텔의 창업자 앤드루 그로브, 스타벅스 CEO 케빈 존슨 등, 이들의 공통점으로 하나를 꼽자면 유대인이라는 사실을 들 수 있다. 모두 세계를 주름잡고 있지 않는가! 물론 이들의 뛰어난 분야가 금융에만 머물지 않는다.

학문과 예술, 문화 분야에서도 훌륭한 업적을 거둔 유대인이 많기 때문이다. 물리학자 아인슈타인과 오펜하이머, 심리학자 프로이트, 철학자 스피노자, 경제학자 마르크스, 화가 샤갈, 소설가 카프카 등등 모두 유대인이다.

지금까지 나온 명단만 보아도 유대인의 우수성을 알겠지만, 그들의 높은 지성을 가장 잘 보여주는 것은 노벨상의 수상자 비율이다.

이스라엘 텔아비브의 노벨상 대로 안쪽 가로수를 따라 이어지는 길 위의 각 받침대에는 수상자의 이름, 영어와 히브리어로 된 노벨상 인용문이 적힌 플레이트가 있다. 사진 © Israel Science and Technology Directory

통계에 따르면, 1901년 노벨상이 제정된 후 2024년까지 노벨상을 수상한 총 976명 중 22%가 유대인(216명)이다.

특히 경제학상 수상자는 전체의 약 41%를 유대인이 차지했고, 물리학상과 생리의학상은 51%가 유대인의 차지였다. 세계 인구의 0.2%에 불과한 유대인이 노벨상을 휩쓸고 있다. 유대인들은 노벨상 수상을 길이 남기기 위해 이스라엘의 수도 텔아비브의 남쪽 리숀 레지온(Rishon Lezion)에 노벨상 수상자들의 업적을 기리는 노벨상 대로까지 건설했을 정도이다.

유대인의 지능적 특징의 설명으로 가장 유력한 것은 직업 선택설이다

소수 민족이나 다름없는 유대인이 이렇게나 많은 노벨상을 받았다니 매우 놀라운 일이다. 그렇다면 대체 유대인 중에 이렇게 뛰어난 인물이 많은 이유는 무엇일까?

이 의문에 대한 답으로 예전에는 '환경설'이 제시되었다. 유대인은 예루살렘에서 쫓겨나 세계 곳곳을 유랑하면서 상상을 초월하는 핍박과 멸시를 받았다. 그래서 그들은 필사적으로 세상의 인정을 받고 생존하기 위해 불가능에 도전했고, 그런 과정에서 수준 높은 교육을 적극적으로 받았다. 유사 이래 유대인이 처했던 엄혹한 환경을 이겨내는 과정을 통해서 세상에 이름을 알리는 뛰어난 인물이 속출했다는 것이다.

그러나 환경설만으로 이렇게 많은 유대인이 노벨상을 수상한 이유를 설명하기에는 충분치 않다. 환경설 외에 학자에 대한 경외심을 근거로 제시하는 사람도 있다. 유대인 사회에서는 옛날부터 학자에 대한 존경심이 강했다. 부유한 상인과 가난한 학자가 있다면 학자에게 딸을 시집보내려 하는 부모가 많았다고도 한다. 그렇지만 그런 마음을 가진 부모들도 결국은 상인에게 딸을 시집보내는 경우가 많기 때문에 설득력 있는 주장은 아니다.

유대인의 지능적 특징에 대한 설명 중 현재 가장 유력한 것은 직업 선택설이다. 유대인은 9~10세기에 유럽으로 이주했는데, 거기서는 기독교도들의 차별 때문에 비천하게 여겨진 금융업과 상업에 종사할 수밖에 없었다.

금융업과 상업은 고도로 머리를 많이 쓰는 일이다. 금융과 장사의 기본이 숫자이기에 수학에도 능해야 한다. 그래서 유대인은 교육으로 두뇌를 단련하기에 힘썼다. 결국 이런 과정이 오랜 세월 동안 이루어지면서 지능이 점점 계발되었다는 것이다. 그리고 이주와 정주를 되풀이하는 동안 변화에 적응하는 남다른 능력도 두뇌 발달에 도움이 되었다는 지적도 있다.

물론 유대인의 뛰어난 재능을 규명하기 위해 이런저런 추측과 이야기들이 있지만 무엇 하나만 절대적으로 옳다고 단정할 수 없다. 그러나 오랜 세월 동안 겪었던 박해의 역사와 유대인의 지능 사이에 밀접한 관계가 있는 것만은 확실해 보인다.

할리우드를 개척한
유대계 영화인은 누구인가?

뉴욕과 시카고 등 동부 지역 대신
캘리포니아주의 할리우드를 개척했다

미국의 영화 산업도 유대인 덕분에 성장했다고 해도 과언이 아니다. 왜냐하면 할리우드 영화가 유대인 없이는 성립이 불가능했기 때문이다. 20세기 전반에 할리우드 발전을 주도한 8대 메이저 영화사 중 무려 7개 영화사의 창립에 유대인이 관련되어 있다는 사실만으로도 증명이 된다.

미국에서 본격적으로 영화 산업이 시작된 20세기 초엽, 유대인은 슬럼가의 작은 영화관 주인 정도에 불과했다. 당시 영화 산업의 자본과 기술은 모두 와스프의 지배를 받고 있었다. 그러나 유대인은

칼 렘리는 미국 영화 사업의 개척자로 유니버셜스튜디오를 만들었다. 지금도 유명세를 떨치고 있는 〈노트르담의 꼽추〉와 〈오페라의 유령〉을 배급했던 입지전적인 유대인이다. 아들 칼 렘리 주니어도 유니버셜의 전성기를 이끌었으나 아버지와 같은 날 사망했다.

타고난 사업 감각을 무기로 삼아 영화 산업의 심장부에 파고들었다. 그래서 자신들이 직접 영화를 제작하기 시작했고, 와스프의 독점 체제를 타파할 만한 성공을 거두었다.

그 중심에 섰던 인물이 칼 렘리(Carl Laemmle)와 윌리엄 폭스(William Fox)이다. 그들은 와스프의 독점 체제에서 벗어나 자유롭게 영화를 만들기 위해 뉴욕과 시카고 등 동부 해안의 제작 거점을 버

유대인이 주도한 할리우드 영화 산업의 발전

히틀러의 박해를 피해 동유럽에서 도망친 유대인들이 미국 동부에 유입됨.

에디슨의 영사기 발명과 함께 미국의 영화 산업이 시작되자 유대인들은 뉴욕에 극장을 열었다. 그 후 영화 제작 투자자로 대거 변신해 서부로 이주했다.

유럽 대륙의 유대인 수난사와 미국에 대한 전 세계의 동경심. 인류의 비극인 〈홀로고스트〉를 영상으로 만들어 할리우드의 지배력을 장악했다.

캐나다

미국

시카고

뉴욕

로스앤젤레스
할리우드

북태평양

멕시코

멕시코만

북대서양

할리우드의 메이저 영화사와 유대인 창립자

파라마운트픽처스	아돌프 주커
NBC유니버셜	칼 렘리
MGM	마커스 로, 새뮤얼 골드윈, 루이스 B. 메이어
콜롬비아픽처스	해리 콘, 조 브랜트, 잭 콘
워너브라더스픽처스	워너 형제
유나이티드아티스츠	더글러스 페어뱅크스, 메리 픽퍼드, 찰스 채플린
20세기폭스	윌리엄 폭스

할리우드 라 브레아 게이트웨이 조각품, 꼭대기에 마릴린 먼로의 미니어처가 있다.

매년 3월 아카데미 시상식이 열리는 LA 돌비 극장에서 내려다본 할리우드의 대로

리고 캘리포니아주의 할리우드를 개척했다. 할리우드는 연중 맑은 날이 많고 상온의 기후에다, 비가 적어서 영화 촬영에 최적이었기 때문이다.

그 후 렘리와 폭스가 제작에서 배급, 상영까지 총괄하는 형태의 거대 영화사(유니버설픽처스와 20세기폭스)를 만들었고, 제1차 세계대전이 끝나자마자 영화 산업에서는 할리우드의 전성기가 도래했다. 그 후 할리우드에서 영화 산업의 주역으로 활약한 사람들도 거의 유대인이었다.

즉 할리우드의 메이저 영화사로 꼽히는 파라마운트, 유니버설, 워너브러더스, 20세기폭스, MGM, 콜롬비아, 유나이티드아티스츠의 창립에 하나같이 유대인이 관련되어 있다.

감독들도 마찬가지이다. 〈사느냐 죽느냐〉와 〈천국의 말썽〉의 에른스트 루비치, 〈모로코〉와 〈상하이 익스프레스〉의 요제프 폰 스턴버그, 〈로마의 휴일〉과 〈벤허〉로 전 세계에 많은 팬을 확보한 윌리엄 와일러 등 많은 유대인 감독이 영화 산업의 괄목할 발전을 견인했다. 유대인은 영화 산업에서도 역경을 딛고 불모지나 마찬가지였던 서부에서 영화 비즈니스를 성공시킨 것이다.

유대교 '초정통파'의 남자는
경전을 읽으며 놀고먹는다?

유대교의 성지 '통곡의 벽'에 가면
검은 코트를 걸친 남성을 볼 수 있다

여성의 사회 진출이 활발해진 지금은 맞벌이 세대가 많지만, 예전에는 남성이 밖에서 일하고 여성이 가정을 돌보는 것이 일반적이었다. 그런데 유대교도 중에는 남성 대신 여성이 밖에서 일하는 것을 당연하게 생각하는 교파가 있다.

바로 이스라엘의 유대교 초정통파(하시디즘파)이다. 그들은 현대 문명에 등을 돌리고 세속적인 사회와 단절된 생활을 하고 있다. 예루살렘에 있는 유대교의 성지 '통곡의 벽'에 가면 검은 코트에 검은 바지, 검은 모자를 착용하고 턱수염과 구레나룻을 길게 기른 남성

통곡의 벽(예루살렘 서쪽 벽), 2009년, © Kounosu, W−C

을 볼 수 있다.

　이 모습은 18세기 동유럽과 폴란드에서 시작된 종교 부흥 운동 당시의 복장을 재현한 것으로, 유대교 초정통파의 상징이기도 하다. 남성들은 모두 자발적인 실업자로 아침 10시부터 저녁 5시까지 오로지 유대교 경전(토라)의 연구에 몰두한다. 그런 종교적인 열정이 신을 기쁘게 한다고 생각하기 때문이다.

　이 남성들은 기껏해야 아르바이트 정도를 할 뿐, 생활을 영위하기 위한 모든 노동은 여성들이 담당한다. 게다가 초정통파에서는

결혼식이 끝난 밤에 신부 앞에서 남자 친척들이 춤을 추는 미츠바 탄츠(전통 결혼식 행사).

아이를 많이 낳는 것을 미덕으로 여겨 피임도 전혀 하지 않는다. 여성 한 명당 평균 출산율이 무려 7명. 필연적으로 대가족이 되는데, 그 아이들을 돌보는 것도 여성의 임무이다.

초정통파 여성들은 일과 육아에 매일 쫓기면서도 오로지 경전 연구에 몰두하는 남편을 지원하는 것을 명예롭게 여긴다. 그러나 이들에 대한 이스라엘 국내의 평판은 좋지 않은 편이다.

여성들이 아무리 열심히 일해도 소득이 충분하지 않아서 생활비 대부분을 정부의 지원금으로 해결하기 때문이다. 심지어 그들을 '가난한 유대인'이라며 조롱하는 사람도 있다.

또 병역 면제의 특전을 받는 것도 비판 거리가 되고 있다. 이스라엘에서는 남녀를 불문하고 병역의 의무를 이행해야 하는데도 초정통파 신학생은 병역을 면제받는다. 물론 초정통파는 국내의 여러 비판에도 아랑곳없이 자신들만의 생활 방식을 고수하고 있다. 남성은 경전 연구에, 여성은 일과 가사에 매진하고 있다.

유대인의 할례 풍습은
유대교도가 신과 약속한 증표

승려가 불교에 귀의했다는 증거로 머리카락을 깎듯이, 유대교도
는 신과 약속한 증표로 할례를 받는다. 유대인 남아는 아기일 때 수
술로 성기의 포피를 잘라내야 한다. 그래야만 유대 사회의 일원으
로 인정받을 수 있다.

사실 할례는 성기를 청결히 유지하기 위한 풍습으로 선사 시대의
다양한 부족에 전해 내려왔다. 그러나 유대교의 할례는 신과의 약
속을 상징한다. 유대인의 조상 아브라함은 자손의 번영을 약속받고
자손 대대로 신을 섬길 것을 맹세했는데, 그 '약속의 증표'가 할례
였다. 한편 유대인은 오랜 시간에 걸쳐 유랑 생활을 했기 때문에 이
민족과 자민족을 구별할 목적으로 할례를 지속했다는 설도 있다.

그러나 할례는 유대교뿐 아니라 이슬람교도에게도 정착된 풍습
이다. 《코란》에 할례에 관한 규정은 없으나 무함마드는 할례를 권
했다고 한다. 이슬람교에서는 4~5세부터 12세 전후의 시기에 할
례를 실시하며, 지역에 따라 시기는 조금씩 달라진다.

사실 이슬람교에서 문제가 되는 것은 여성의 할례이다. 여성의
할례는 대부분 아랍의 국가들과 아프리카에서 실시되는데, 이집트
에서는 여성의 95%가 할례를 받는다는 보고가 있을 정도이다. 이

예수 그리스도의 할례, 1520년, 루도비코 마졸리노, 비토리오 치니 컬렉션

것은 종교적인 행위라기보다 미신이나 여성 차별적 사상에 기초한 풍습인 경우가 많아서, 아동 학대 또는 여성 인권 침해라는 비난의 목소리가 높다.

심신을 단련하는 요가와 명상은
힌두교의 수행법이었다!

명상과 요가는 마음속 집착을 버리고
진리에 근접하는 수행법이다

　요가는 심신의 건강을 증진하는 수행법으로 2000년 전후부터 세계적으로 선풍적인 인기를 끌고 있다. 미국에만도 요가 수행자가 1,800만 명에 이를 정도이다. 세계 각국에도 수많은 요가 애호가가 있는데, 이는 사실 브라만교와 힌두교에서 유래한 수행법이다.

　요가의 뿌리는 멀고 먼 옛날, 기원전 25세기에서 기원전 18세기까지 지속된 인더스 문명에서 유래한다고 전해진다. 인더스 문명의 유물인 석상(石像)과 인장(印章)에 요가를 수행하는 모습이 그려져 있기 때문이다.

연꽃 자세로 요가를 하는 시바 동상(인도 방갈로르 시바 사원), 2006년, © Kalyan, W-C

　나중에 인더스 문명이 아리아인에 의해 멸망한 후, 인더스의 토착 신앙은 아리아인의 브라만교 안으로 흡수되었다. 브라만교에서는 단식하거나 장기간 선 채로 지내는 등 신체를 학대해서 진리를 깨치는 고행을 권장했는데, 이런 가혹한 수행법으로는 수행자의 열의가 금세 시들기 쉬웠다. 그래서 '자각과 반성을 통해 자기 자신을 새롭게 들여다보는 명상법'이 적극적으로 시도되었다. 명상으로 마음속의 온갖 집착을 버리고 진리에 근접하는 방식이다.

이 명상법을 실천하는 방법 가운데 하나로 요가가 성립되었다. 브라만교에서 생겨난 힌두교 역시 요가를 체득하면 마음 깊은 곳에 숨어 있는 신을 볼 수 있다는 이유로, 요가를 중요한 수행법으로 받아들였다. 이후 힌두교의 수행법으로 정착한 요가는 다음 네 가지 유형으로 체계화된다.

오로지 명상에만 잠기는 라자 요가, 찬가(讚歌)·제사(祭詞, 제주(祭主)가 신 앞에 고(告)하고 비는 축문(祝文) 또는 축사(祝詞)라고도 한다)·축문(呪文) 등 성스러운 주문을 반복해 외우는 만트라 요가, 몸속의 기혈 등을 활성화하는 쿤달리니 요가, 신체적인 노력으로 정신의 개방을 촉진하는 하타 요가 등이다.

최초로 체계화된 것은 라자 요가로, 이 수행법은 오로지 앉아만 있는 단순한 명상을 강조한다. 초기의 요가에는 체조와 같은 동작이 없었다. 반면 하타 요가는 마음과 몸을 움직이는 원동력인 '기'를 중시해 몸을 움직이거나 호흡을 정돈해 마음을 제어하려 한다. 브라만교, 힌두교를 통해 전래한 종교적 수행법인 만큼 심신의 건강을 유지하려는 사람들 사이에서 유행하고 있다.

지도로 읽는다
세계 5대 종교 지식도감

초판 1쇄 발행 | 2016년 10월 15일
개정판 1쇄 발행 | 2024년 12월 20일

지은이 | 라이프사이언스
옮긴이 | 노경아
펴낸이 | 황보태수
기획 | 박금희
편집 | 오윤
지도 일러스트 | 박해리
디자인 | 디자인 붐
교열 | 이동복
마케팅 | 유인철
인쇄 · 제본 | 한영문화사

펴낸곳 | 이다미디어
주소 | 경기도 고양시 일산동구 강석로 145, 2층 3호
전화 | 02-3142-9612
팩스 | 070-7547-5181
이메일 | idamedia77@hanmail.net
블로그 | https://blog.naver.com/idamediaaa
페이스북 | http://www.facebook.com/idamedia
인스타그램 | http://www.instagram.com/ida_media
네이버 포스트 | http://post.naver.com/idamediaaa

ISBN 979-11-6394-073-9 04900
       978-89-94597-65-2(세트)

이 책은 저작권법에 따라 보호받는 저작물이므로 무단전재와 무단복제를 금지하며,
이 책 내용의 전부 또는 일부를 이용하려면 반드시 저작권자와 이다미디어의 서면동의를 받아야 합니다.